丛书主编　方守贤

院士的故事·圆梦中华

科学寄语

科学普及出版社

·北京·

图书在版编目（CIP）数据

科学寄语/方守贤主编. —北京：科学普及出版社，2014.1
（院士的故事·圆梦中华）
ISBN 978-7-110-08366-6

Ⅰ.①科… Ⅱ.①方… Ⅲ.①院士-生平事迹-中国-现代-青年读物 ②院士-生平事迹-中国-现代-少年读物 Ⅳ.①K826.1-49

中国版本图书馆 CIP 数据核字（2013）第 244800 号

编辑组长 颜 实
编辑组成员 赵 晖 付万成 李博文 夏凤金 高立波
（本书内容选编自邢攸萍主编的《院士的故事》）
插图 崔君旺

责任编辑 付万成 赵 晖 夏凤金
责任校对 赵丽英
责任印制 张建农

出版发行 科学普及出版社
地　　址 北京市海淀区中关村南大街 16 号
邮　　编 100081
发行电话 010-62173865
传　　真 010-62179148
投稿电话 010-62103182
网　　址 http://www.cspbooks.com.cn

开　　本 787mm×1092mm 1/16
字　　数 250 千字
印　　张 12.75
印　　数 1—5000 册
版　　次 2014 年 1 月第 1 版
印　　次 2014 年 1 月第 1 次印刷
印　　刷 北京长宁印刷有限公司

书　　号 ISBN 978-7-110-08366-6/K·126
定　　价 33.00 元

目　录

爱国知识分子的优秀典范

——访著名科学家钱学森

钱学森简介

钱学森（1911—2009）

钱学森（1911—2009），著名科学家。中国科学院、中国工程院资深院士。祖籍浙江杭州。1934年上海交通大学机械工程系毕业。1935年留学美国，后获美国加州理工学院航空、数学博士学位，1955年冲破重重阻力返回祖国。历任中国科学院力学研究所所长、研究员，国防部第五研究院院长、副院长，并兼任该院一分院院长；中国科技大学近代力学系主任，第七机械工业部副部长，后兼任中国空间技术研究院院长。1970年任国防科学技术委员会副主任。1982年任国防科学技术工业委员会科学技术委员会副主任。1987年被聘为国防科学技术工业委员会科学技术委员会高级顾问。1998年被聘为总装备部科学技术委员会高级顾问。1991年被授予中国科协名誉主席称号。

2008年春节前夕，中共中央总书记、国家主席、中央军委主席胡锦涛分别看望了两位为我国科技事业作出杰出贡献的著名科学家钱学森、吴文俊院士，代表党中央向他们表示衷心的祝福。

总书记走到已届97高龄的钱学森院士床前，俯下身子，握住他的

青年钱学森获博士学位

手说："钱老，您好。春节就要到了，我今天特意来看看您，给您和全家拜个早年！""谢谢！"钱学森笑容满面地握着总书记的手说，依然是慈祥而睿智。

钱学森院士是享誉国内外的科学泰斗，中国科技事业的巨擘，是我国航天事业的重要奠基人、爱国知识分子的优秀典范，被誉为"我国导弹之父""我国航天之父"。我怀着无比崇敬的心情在校刊上介绍钱学森院士，希望青少年以他为成人的楷模。

聪颖勤奋——在优质教育中成才

钱学森1911年出生于上海一个知识分子家庭，是独生子，属五代十国时期吴越国王钱镠之后。他的父亲青年时代曾就读于当时主张维新的杭州求是学院（即后来的浙江大学），以后留学日本，思想比较开明；母亲是大家闺秀，知书达理，钱学森从小受到良好的教育。

幼时的钱学森特别聪慧可爱，母亲教他背古诗词，他一学就会，往往家中来了客人，他就给"表演"一段，博得满堂喝彩。客人纷纷称赞："真是太聪明了。""前途无可限量啊！"父亲对他的管教则十分严格，比如每天要按时起床和就寝，按时复习功课和休息。出门上学一定要衣着整洁，书包整理得井井有条。回家后衣帽、鞋袜、书包放在什么地方都有一定规矩，不能乱放。这对钱学森后来在科学事业上严谨仔细、井井有条、一丝不苟作风的形成有很大影响。

钱学森3岁时随父亲来到北京，父亲没让他进私塾，而是让他接受正规的现代教育。他先后进幼儿园（那时叫蒙养院）、北京师大附小和北京师大附中学习。在师大附小读书时邓颖超在那里任教，所以二人一直以师生相称，十分亲切。北京师大附中分文理科，钱学森读理科。这里名师荟萃，对他日后的成才起了极大的作用。校长林砺儒制订了一套以启发学生兴趣和智力为目标的教学方案，很有成效；化学老师王鹤清让钱学森自由地到化学实验室做各种实验，启发了他对科学的兴趣；语文教师董鲁安在课堂上除讲授语文知识外，还常常讨论时事，他的教育使钱学森产生对旧社会腐败的深切不满和对祖国前途、人民命运的无比关心；几何教师傅仲孙在课堂上把道理讲得特别透，钱老认为“这使他第一次知道什么是严谨的科学”；生物教师俞谟常常带他们到野外采集生物样本，制作生物标本，培养了钱学森较为广泛的科学兴趣。钱老曾动情地说：“我能为国家为人民做点事，是与中小学老师的教育分不开的。”

钱学森聪颖勤奋，在老师的辛勤培育下健康地成长着。他的作业书写工整，清洁漂亮，“=”画得非常规范，中英文字写得秀丽而端庄，深得各科老师的赞赏。他诚信可嘉，严于律己。一次考试，他答题全对，得了满分，但试卷发下来后，他发现了一个不起眼的笔误，立即举手告诉老师并将卷子退回去，老师扣除了 4 分。如今，这份考卷依然留在学校，成为师生严谨教学的见证。

1929 年中学毕业后，钱学森以优异的成绩考入了上海交通大学，怀着振兴祖国的雄心壮志，他选择了工科。1934 年，他从上海交大机械工程系毕业后，紧接着考取了清华大学公费留学，专业是飞机设计。在离开祖国时，望着黄浦江浊浪翻滚，他在心中默默地说：“再见了，祖国。我要到美国去学习先进技术，学成后一定归来，为你的复兴效劳。”

赤子忠心——冲破阻挠毅然回国

在美国，为了学习航空工程理论，钱学森决定追随世界著名的力学大师冯·卡门教授，于是他辗转转学到加州理工学院。冯·卡门当时是这一领域的顶尖人物，后来被誉为“超音速飞行之父”。当他第一次见到这位仪表庄重、个子不高的年轻人时，提了几个问题让钱学森回答，钱学森稍加思索便异常准确地回答了他的所有提问。冯·卡门暗自

钱学森携全家踏上回国之路

赞许：这个中国人的思维敏捷而又富于智慧。于是他高兴地收下了这位学生。从此，钱学森开始了与冯·卡门教授先是师生，后是合作者的情谊。在科研和教学上，他们两人密切合作，特别在航空理论和火箭技术上，做出了卓越的成绩。

他们的研究在第二次世界大战中起了重大作用。大战结束后，美国空军高度赞扬钱学森为战争的胜利作出了“巨大的贡献”。美国专栏作家密尔顿·维奥斯特认为，钱学森是“制定使美国空军从螺旋桨式向喷气式飞机过渡，并最后向遨游太空无人航天器过渡的，长远规划的关键人物”，“是帮助美国成为世界第一流军事强国的科学家银河中一颗明亮的星”。

此时，钱学森在美国生活上享有丰厚的待遇，工作上拥有便利的条件。然而，他始终眷恋着生他养他的祖国。无时无刻不在心中默念着要振兴祖国的誓言。1948 年，当看到新中国的曙光在即时，他开始回国的行动了。为此，他受到了美国政府的迫害。

为什么美国对钱学森回国如此横加阻挠呢？就是因为他太有知识，太有价值了。他们不能放他回到“共产党的中国”。美国国防部副部长金布尔在得知钱学森要回国的消息后，就直言不讳地说：“无论如何都不要放他回国。”他认为：“钱学森无论放在哪里，都抵得上五个师。”还叫嚷什么：“我宁可把他枪毙了，也不让这个家伙离开美国！”

在这个号称“自由国度”的美国，钱学森被莫须有的罪名拘留了，监狱戒备森严，岗哨林立。周围是荷枪实弹的士兵和通了电的铁丝网。钱学森被关在一间昏暗的小牢房里，受到种种折磨。仅仅几天的时间，他已被折磨得不成人形。

钱学森无端被拘留后，加利福尼亚理工学院的师生和钱学森的老师冯·卡门以及一些美国友好人士，向当局提出强烈抗议，为他找辩护律师，还募集1.5万美元保释金把钱学森保释出来。

被保释后的钱学森继续受到美国当局的迫害，行动处处受到限制和特务的监视，不许他离开他所居住的洛杉矶，还定期查问他。钱学森就这样失去了5年的自由。当然，如果他答应留下为美国服务的话，生活就会180度逆转。然而，钱学森挚爱祖国的赤子之心无比炽热，他坚持斗争，不断地向移民局提出离开美国回国的要求。

钱学森返回祖国的斗争，得到祖国的关怀和支持。

1955年6月的一天，钱学森摆脱特务监视，在寄给在比利时亲戚的信中，夹带了一封书写在香烟纸上、给全国人大常委会副委员长陈叔通的信，请求祖国帮助他早日回国。陈叔通先生收到信的当天，就把它送到周恩来总理手里。1955年8月1日中美大使级会谈在瑞士日内瓦进行，王炳南大使按照周总理的授意，与美方交涉，迫使美国政府允许钱学森离美回国。

1955年9月17日，钱学森与他的夫人和两个幼儿终于乘坐美国“克利夫兰总统号”邮船，离开了洛杉矶，驶向他日夜思念的祖国。

呕心沥血——“两弹一星”振我国威

钱学森回到祖国后，受到了党和国家的热烈欢迎。他自己做的第一件事就是翌日清晨带领全家来到天安门广场——那第一面五星红旗升起的地方。面对雄伟的天安门城楼，钱学森感叹道：“我相信一定能回到祖国。现在终于回来了！”

正在崛起的祖国太需要学识渊博的他了。回国后的钱学森科学事业分为两个方面：一是筹建中国科学院力学研究所，这位世界级力学权威的到来使力学所的组建水到渠成；另一个就是美国政府担心的，制造中国的“两弹一星”。

1956年4月，由周恩来总理主持，在解放军总参谋部的大楼里，召开了一次不寻常的中央军委会议。会议的中心议题是，由钱学森介

钱学森星命名仪式

绍在我国发展导弹技术的规划设想。望着那么多共和国最高军事领导人的亲切目光，一种神圣的使命感，在他心中油然而生——落后就要挨打，要使中国人民永远地站起来，我们必须有自己的先进武器。

同年10月8日，我国第一个导弹研究机构宣告成立，钱学森任研究院院长。从此，在周总理、聂荣臻元帅的直接领导下，钱学森开始了作为新中国火箭、导弹和航天事业技术领导人的生涯。

当时，我国的科研设备还极为落后，人员匮乏，“两弹一星”从零起步。钱学森和广大科技工作者呕心沥血，废寝忘食，用献身的精神投身到这一事业中去。科学研究的道路并不平坦。比如1962年3月，我国自行设计的一枚中近程导弹起飞不久就掉在发射阵地前300米处，把地面炸了一个大坑。多少次失败，多少次改进，终于，我国第一枚自行设计的导弹进行飞行试验获得成功了。1966年钱学森协助聂荣臻元帅，直接领导了用中近程导弹运载原子弹的“两弹结合”飞行试验，导弹飞行正常，原子弹在预定的距离和高度实现核爆炸。从第一颗原子弹爆炸到第一枚导弹核武器研制成功，美国用了13年，我国仅用了两年多的时间。这一成功震惊了世界。

1965年1月8日，钱学森正式向国家提出报告，建议早日制订我国人造卫星的研究计划并列入国家任务。在周恩来总理的直接关怀下，钱学森等一批专家、科技工作者夜以继日地研究、制作，1970年4月24日，重量为173千克的我国第一颗人造卫星发射成功,《东方红》乐曲响彻全球。

钱学森以他对祖国的无限忠诚，渊博的学识，不断探索创新的精神对中国火箭导弹和航天事业的迅速发展作出了卓越贡献。为了表彰他为人类科学技术事业的发展和中华民族的振兴作出的巨大贡献，中共中央授予他“两弹一星功勋奖章”和“国家杰出贡献科学家”荣誉称号。如今，被命名的“钱学森星”正在无垠的宇宙运转，它的光芒将与日月同辉。

钱学森的贡献

由于在应用力学、喷气推进、工程控制论、物理力学等诸多技术科学领域以及为发展我国航天事业作出的开创性贡献，使他获得国内外的很高荣誉。曾获中国科学院自然科学奖一等奖、美国加州理工学院“杰出校友奖”、国家科技进步奖特等奖等多种奖项。获国际技术与技术交流大会和国际理工研究所授予的“W.F.小罗克韦尔奖章”、“世界级科学与工程名人”和“国际理工研究所名誉成员”称号。1991年10月获国务院、中央军委授予的“国家杰出贡献科学家”荣誉称号和中央军委授予的一级英雄模范奖章。1994年获首届何梁何利基金优秀奖，1999年获中共中央、国务院、中央军委颁发的“两弹一星功勋奖章”。2002年经国际小行星中心和国际小行星命名委员会审议批准，将中国科学院紫金山天文台发现的国际编号为3763号小行星，正式命名为“钱学森星”。

2009年，在新加坡举行的国际系统工程协会（INCOSE）年会上宣布，授予钱学森荣誉会员称号，以表彰其创立系统工程中国学派和在系统工程的理论与实践方面所作出的巨大贡献。

为了国防事业甘做无名英雄

——记“两弹一星元勋”邓稼先光辉的一生

邓稼先(1924—1986)

邓稼先简介

邓稼先（1924—1986），安徽省怀宁县人。1935年考入志成中学，在读书求学期间，深受爱国救亡运动的影响。1937年北平沦陷后，他曾秘密参加抗日聚会。后在父亲邓以蛰的安排下，他随大姐去往昆明，并于1941年考入西南联合大学物理系。在抗日救亡的呼喊中成长起来的邓稼先，高唱着“千秋耻，终当雪，中兴业，须人杰”的西南联大校歌走上科学之路。为了实现科技强国的夙愿，他将个人的事业与民族兴亡紧密相连。1948—1950年，他在美国普渡大学留学，获得物理学博士学位。毕业当年，他就毅然回国。

当大漠的苍茫点缀了蘑菇云的硝烟，当五星红旗升起在联合国的上空。是他，为了祖国默默无闻，隐姓埋名31年；是他，长空铸剑，吼出雄师的愤怒；是他，以身许国，写下山河的颂歌，殷红热血，精忠报国，他是共和国忠诚的奠基人；鞠躬尽瘁，死而后已，他是中华民族不倒的脊梁。大哉邓稼先。

求学报国

邓稼先，1924年出生于安徽怀宁县一个书香门第之家。翌年，他随母到北京，在担任清华、北大哲学教授的父亲身边长大。他 5 岁入小学，在父亲指点下打下了很好的中西文化基础。1935 年，他考入崇德中学，与比他高两班、且是清华大学院内邻居的杨振宁结为最好的朋友。邓稼先本应欢乐的少年时光是生活在国难深重的年代，七·七事变以后，端着长枪和刺刀的日本侵略军进入了北平城。不久北大和清华都撤向南方，校园里空荡荡的。邓稼先的父亲身患肺病，咳血不止，全家滞留下来。“七七事变”以后的 10 个月间，日寇铁蹄踩踏了从北到南的大片国土。亡国恨，民族仇，都结在邓稼先心头。在校园中深受爱国救亡运动的影响，1937 年北平沦陷后秘密参加抗日聚会。在父亲安排下，他随大姐去了大后方昆明，并于 1941 年进入了国立西南联合大学——西南联大成立于抗战极端困难时期，由清华大学、北京大学、南开大学三校合并而成，条件简陋，生活清苦。尽管如此，联大却有非常良好的学术空气，先后培养出了不少优秀人才。邓稼先受业于王竹溪、郑华炽等著名教授，以良好的成绩圆满完成了大学四年的学业。

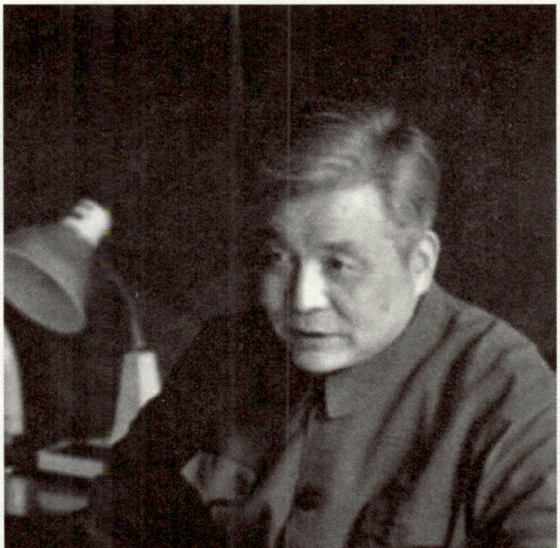
邓稼先回国后来到中国科学院近代物理研究所任研究员。此后的八年间，他进行了中国原子核理论的研究

1945 年抗战胜利时，邓稼先从西南联大毕业，在昆明参加了共产党的外围组织“民青”，投身于争取民主、反对国民党独裁统治的斗争。翌年，他回到北平，受聘担任了北京大学物理系助教，并在学生运动中担任了北大教职工联合会主席。抱着学更多的本领以建设新中国之志，他于 1947 年通过了赴美研究生考

试，于翌年秋天进入美国印第安纳州的普渡大学研究生院。由于他学习成绩突出，不足两年便读满学分，并通过博士论文答辩。此时他只有23岁，人称“娃娃博士”。

1950年8月，邓稼先在美国获得博士学位9天后，便谢绝了恩师和同校好友的挽留，毅然决定回国。同年10月，邓稼先来到中国科学院近代物理研究所任研究员。此后的8年间，他进行了中国原子核理论的研究。1953年，他与许鹿希结婚，许鹿希是“五四运动”重要学生领袖，是后来担任全国人大常委会副委员长的许德珩的长女。1954年，邓稼先加入了中国共产党。

接受使命

1958年秋，二机部副部长钱三强找到邓稼先，说“国家要放一个‘大炮仗’”，征询他是否愿意参加这项必须严格保密的工作。邓稼先义无反顾地同意了，回家对妻子只说自己“要调动工作”，不能再照顾家和孩子，通信也困难。从小受爱国思想熏陶的妻子明白，丈夫肯定是从事对国家有重大意义的工作，表示坚决支持。从此，邓稼先的名字便在刊物和对外联络中消失，他的身影只出现在严格警卫的深院和大漠戈壁。

邓稼先就任二机部第九研究所理论部主任后，先挑选了一批大学生，准备有关俄文资料和原子弹模型。1959年6月，苏联政府终止了原有协议，中共中央下决心自己动手，搞出原子弹、氢弹和人造卫星。邓稼先担任了原子弹的理论设计负责人后，一面部署同事们分头研究计算，自己也带头攻关。在遇到一个苏联专家留下的核爆大气压的数字时，邓稼先在周光召的帮助下以严谨的计算推翻了原有结论，从而解决了关系中国原子弹试验成败的关键性难题。数学家华罗庚后来称，这是“集世界数学难题之大成”的成果。

邓稼先不仅在秘密科研院所里费尽心血，还经常到飞沙走石的戈壁试验场。1964年10月，中国成功爆炸的第一颗原子弹，就是由他最后签字确定了设计方案。他还率领研究人员在试验后迅速进入爆炸现场采样，以证实效果。之后，他又同于敏等人投入对氢弹的研究。按照“邓—于方案”，最后终于制成了氢弹，并于原子弹爆炸后的两年零八个月试验成功。这同法国用 8 年、美国用 7 年、苏联用 4 年的时间相比，创造了世界上最快的速度。

鞠躬尽瘁

邓稼先虽长期担任核试验的领导工作，却本着对工作极端负责任的精神，在最关键、最危险的时候出现在第一线。例如，核武器插雷管、铀球加工等生死系于一线的危险时刻，他都站在操作人员身边，既加强了管理，又给作业者以极大的鼓励。一次，航投试验时出现降落伞事故，原子弹坠地被摔裂。邓稼先深知危险，却一个人抢上前去把摔破的原子弹碎片拿到手里仔细检验。身为医学教授的妻子知道他“抱”了摔裂的原子弹，在邓稼先回北京时强拉他去检查。结果发现在他的小便中带有放射性物质，肝脏被损，骨髓里也侵入了放射物。随后，邓稼先仍坚持回核试验基地。在步履艰难之时，他坚持要自己去装雷管，并首次以院长的权威向周围的人下命令：“你们还年轻，你们不能去！”1984 年，他在大漠深处指挥中国第二代新式核武器试验成功。翌年，他的癌扩散已无法挽救，他在国庆节提出的要求去看看天安门。1985 年，邓稼先最后离开罗布泊回到北京，仍想参加会议。医生强迫他住院并通知他已患有癌症。他无力地倒在病床上，面对自己妻子以及国防部长张爱萍的安慰，平静地说：“我知道这一天会来的，但没想到它来得这样快。”在邓稼先去世前不久，组织上为他个人配备了一辆专车。他只是在家人搀扶下，坐进去并转了一小圈，表示已经享受了国家所给的待遇。中央尽了一切力量，却无法挽救他的生命。1986 年 7 月 29 日，邓稼先去世。他临终前留下的话仍是如何在尖端武器方面努力，并叮咛：“不要让人家把我们落得太远……”在他去世 13 年后，1999 年国庆 50 周年前夕，党中央、国务院和中央军委又向邓稼先追授了金质的“两弹一星功勋奖章”。

他临终前留下的话仍是如何在尖端武器方面努力，并叮咛：“不要让人家把我们落得太远……”

科技工作者的典范

邓稼先主要从事核物理、理论物理、中子物理、等离子体物理、统计物理和流体力学等方面的研究并取得突出成就。他自 1958 年开始组织领导开展爆轰物理、流体力学、状态方程、中子输运等基础理论研究，对原子弹的物理过程进行大量模拟计算和分析，从而迈开了中国独立研究设计核武器的第一步，领导完成了中国第一颗原子弹的理论方案，并参与指导核试验前的爆轰模拟试验。原子弹试验成功后，立即组织力量探索氢弹设计原理、选定技术途径，组织领导并亲自参与 1967 年中国第一颗氢弹的研制和试验工作。

邓稼先是中国知识分子的优秀代表，为了祖国的强盛，为了国防科研事业的发展，他甘当无名英雄，默默无闻地奋斗了数十年。他常常在关键时刻，不顾个人安危，出现在最危险的岗位上，充分体现了他崇高无私的奉献精神。他在中国核武器的研制方面作出了卓越的贡献，却鲜为人知，直到他死后，人们才知道了他的事迹。他是最具有农民朴实气质的科学家。

邓稼先的贡献

邓稼先是中科院院士，著名核物理学家，是中国核武器研制与发展的主要组织者、领导者，在他逝世后13年，被追授为“两弹元勋”。邓稼先始终在中国武器制造的第一线，领导了许多学者和技术人员，成功地参与设计了中国原子弹和氢弹，把中华民族国防自卫武器引领到了世界先进水平。

热爱国家　无私奉献

——记中国“两弹一星元勋”王淦昌

王淦昌（1907—1998）

王淦昌简介

王淦昌（1907—1998），江苏常熟支塘镇人。著名核物理学家、中国核科学的奠基人和开拓者之一、中国科学院资深院士、九三学社中央名誉主席、中国共产党优秀党员、原第二机械工业部副部长。1929年毕业于清华大学物理系。1930年入德国柏林大学，1933年获博士学位。1934年4月回国，先后在山东大学、浙江大学任教授。1949年5月参加革命工作，1979年加入中国共产党，历任第二机械工业部（现中国核工业总公司）九院副院长，二机部副部长兼原子能研究所（现中国原子能科学研究院）所长，中国科学技术协会副主席，中国核学会理事长，九三学社中央参议委员会主任，第三届、四届、五届、六届全国人大常委会委员。

王老是一位数十年如一日、忘我工作、不知疲倦的科学家。他的科研成果在祖国的科学园地里开花结果，创造了举世瞩目的成绩，可他却永不满足。他常常引用牛顿的话：我只是一个在科学大海边上捡贝壳的小孩，“牛顿尚且如此，我充其量是海水中的小水花而已。”

王淦昌爱国情怀

1919 年，震惊世界的“五四”运动爆发，爱国烈焰蔓延全国。平静的沙溪镇也不平静了，在沙溪小学读书的王淦昌参加了教师带领的学生队伍，举着小旗在街上游行，宣传反对卖国贼，抵制日货。在他的心灵深处，栽下了热爱祖国的幼苗，走在游行的队伍里，他感到自豪，感到光荣。王淦昌在回忆这事时说：“我们是在为国家兴亡呼喊、出力，所以受到大家的拥护。岳飞精忠报国，流芳百世，秦桧卖国求荣，遗臭万年，这就是个例子。我从小就争做一个像岳飞那样的人。”

1925 年上海发生的“五卅”惨案，震惊了整个上海市，年轻人为此热血沸腾，纷纷起来反抗帝国主义屠杀中国人民的暴行。正在汽车学校读书的王淦昌和其他学生也参加了这一反帝爱国运动。有一天，学生们上街游行，有人塞给王淦昌一捆传单，他抱着传单，自豪而满怀激情地沿途散发，被一个英租界的印度巡捕抓住了，王淦昌质问：“我在自己的国土上散发传单，你凭什么抓我？”巡捕愣了会儿，才用英语咕噜到：“你自己的国土？可这里是英租界！”王淦昌用英语驳斥他：“正因为这是英租界，我才来散发传单，我的祖国受帝国主义欺凌，你的祖国已成为殖民地。我是为祖国的命运而斗争，你却为侵略者效劳。如果这事发生在你的国土上，你能抓自己的同胞吗？”印度巡捕无言以对，悄悄就放了王淦昌。

1937 年“七七事变”后，全面的抗日战争爆发了。国难当头之际，浙江大学的师生本着“读书不忘救国”的精神，开展了各种抗战救国运动，如进行募捐、救济、慰劳、义演等宣传工作。王淦昌也积极参加到抗日救国运动的行列中，一块儿参加募捐活动，挨家挨户宣传抗日，动员民众“有钱出钱，有力出力”。王淦昌回到家里又和妻子吴月琴商量，对妻子说：“国家有难，匹夫有责，我们不能投笔从戎去打日本侵略者，但我们可以捐出钱财去买武器来打日本鬼子。”他们俩就把所有的积蓄和结婚时的金银首饰全部捐献抗日。

王淦昌与鬼粒子

“鬼魂粒子”的学名叫“中微子”，是组成宇宙万物的一种基本粒子。我们知道，物质是由原子构成的，而原子又由更小、更基本的粒子构成，这些更小、更基本的粒子被称作“基本粒子”。人类最先发现的基本粒子是“电子”，它带一个单位的负电，接着又发现第二个基本粒子“质子”，它带一个单位的正电，质子的质量比电子大 1800 多倍。科学家们在发现电子和质子后，心情是非常兴奋的，他们心满意足地说：“瞧，这宇宙的构造多么完美啊！两种基本粒子，一个带正电，一个带负电，它们组成了宇宙万物，这种宇宙图景是多么神奇，多么简单，多么美丽！真是太妙了！”

但是，科学家们高兴得早了，宇宙的构成并不像科学家想象的那么简单。1930 年底，为了解决当时物理学中出现的一个严重困难，奥地利物理学家泡利提出，宇宙中应该还有一种基本粒子，这种粒子不带电，质量几乎等于零，可以自由自在地穿过像地球这样大的物体。因为这种假想中的粒子不带电（即电中性），质量又非常非常微小，所以人们给它取了一个学名叫“中微子”。

中微子提出来以后，几乎没有人相信真有这种粒子。由于它神出鬼没、性格古怪、来去无影无踪，因此有人就给中微子取了一个绰号叫“鬼魂粒子”。泡利提出中微子假说后，不仅别人不相信，连他自己也很心虚。在他正式向大家宣布中微子假说的那一天晚上，他对另一位科学家说：“我今天做了一件很糟糕的事。一个物理学家无论什么时候也不应该这么做的。我提出了一个在实验上永远检验不了的东西。”

正当泡利还犹豫不定的时候，王淦昌却毅然决心要找到中微子。在征得导师迈特纳的同意和帮助后，一场艰苦的探索开始了。这个实验的难度非同一般，因为这是一个前无古人的全新探索，没有任何现成的设备可供利用，所有仪器设备都得亲自设计和动手研制。

经过一年多的艰苦探索，王淦昌终于取得了重要成果。他以精确的实验数据，在物理学史上首先初步证实了关于中微子的预言。但是，这个实验尚有许多问题，应该做得更完善才能经得起严格的推敲。可惜，正当他扬帆于科学探索的航程时，留学期限已经到了，而王淦昌又不愿意继续留在德国，他急于返回祖国，贡献出自己的智慧和力量。

回国后，王淦昌到浙江大学任教。但是不久，日本帝国主义发动了全面侵华战争。当时王淦昌一直处于动荡不安的生活之中，无法进行科学研究。直到 1940 年以后，他才在比较安定的环境中生活。

王淦昌从没有忘记中微子。一旦条件稍微好转，他马上就继续进行寻找中微子的研究。在他离开德国以后的几年时间里，科学家对中微子的认识又有了变化。1936 年，英国的狄拉克以很尖锐的措词，反对泡利的中微子假说，他在文章中写道："中微子这个观察不到的新粒子，是某些研究者闭门造车硬造出来的。"

狄拉克可不是一般的人，他是 20 世纪最伟大的物理学家之一，又是刚获诺贝尔物理学奖的科学大师。他说根本就没有中微子这个"硬造出来的"玩意儿，那对泡利的假说就非常不利。要想说服狄拉克和许多不相信中微子的人，办法只有一个：在实验室里找到中微子!

可是，想找到中微子又谈何容易啊！近十多年，世界上有许多优秀的物理学家设计了许多巧妙的实验，却硬是找不到这个像"鬼魂"一般的粒子。

抗日战争日益严重，王淦昌随浙江大学迁到贵州省的湄潭。虽然条件极其恶劣，加上他又患上了肺病，但他仍然以惊人的毅力，决定设计一个巧妙的实验，找到这个神出鬼没的粒子。

他很明确地认识到："泡利的假说虽然很了不起，但如果不能从实验中找到中微子，则这个假说就是空中楼阁。这么说当然还是比较容易，但真要在实验中做到这一点就不容易了。好在王淦昌这时已不是在德国留学时的王淦昌了，湄潭条件虽差，但王淦昌已经比较成熟了，知道什么事情应该抢先做，也知道该怎么做。

经过一年多的归纳、分析和比较，王淦昌终于设计出一个绝妙的实验方案，他相信这个方案一定可以最终找到中微子。这个方案的思路现在看起来很简单，一般读者也许可以理解。

1940年初，王淦昌从国外一份重要物理期刊杂志上看到一些论述可以产生中微子的核反应，其反应式多为：$A \rightarrow B + e^{+} + \nu$。式中A、B为反应前后的两种元素，$e^{+}$为正电子，$\nu$为中微子。他觉得这种反应式生成三种物质（B、$e^{+}$和$\nu$），太复杂，不容易准确测定中微子的质量和能量，应该另辟新的途径。经过反复思考，他想到用“K电子俘获”的方法来寻找中微子。

什么是K电子俘获呢？绕核旋转的电子有许多层，最靠近核的那一层被称为K层，如果原子核俘获其K层的电子，这就是K电子俘获。在这一过程里，核不发射电子，而是从最靠近核的K层轨道上俘获一个电子。其反应式为：$A + e^{-} \rightarrow B + \nu$。式中$e^{-}$为电子。在这种反应过程后，只有两个粒子（反冲核B和中微子ν），这两个粒子的动量是完全确定的。如果选用比较轻的原子核，反冲核动量比较大，更容易测量。王淦昌还认为，由于轻元素反冲核容易测量，所以建议用铍的K电子俘获过程来检验中微子的存在，即：$Be + e^{-} \rightarrow Li + \nu$。式中Li是元素锂。可惜当时正是抗日战争最艰难的岁月，教授连工资几乎都拿不到，哪有条件去购买精密仪器来做实验呢？

在万般无奈之中，王淦昌只好把他的设计方案写成文章，先是寄给《中国物理学报》，但没有被采用。1941年10月，王淦昌又把文章寄给美国的《物理评论》。后来，一位中国物理学家说：“这是《中国物理学报》的一个损失。可以说是失之交臂啊!”

王淦昌的文章在美国刊登之后，仅仅两个月的时间，就有一位美国物理学家阿伦按照王淦昌的方案，找到了中微子。王淦昌的论文和阿伦的实验，完全证明了中微子的存在，在当时引起了相当大的轰动。1943年，美国《现代物理评论》将“王淦昌一阿伦实验”列为国际物理学重大成就之一。评论中写道：“王淦昌和阿伦的实验，完全足以证明泡利中微子的假说。”

可惜的是，当时正是第二次世界大战最激烈和最残酷的时期，因此这样一个重大的科学突破，没有引起人们足够的重视，也没有得到应有的宣传，否则是完全有资格问鼎诺贝尔物理学奖的。

为祖国隐名 17 年

1960 年 12 月 24 日，王淦昌在莫斯科杜布纳联合原子核研究所 4 年任期届满，匆匆返回祖国。当时国家正是 3 年自然灾害时期，王淦昌的家也和人民一样，要勒紧裤腰带，然而他却把在国外节省下来的 14 万卢布全部捐献给国家。尽管吴月琴要精打细算一家人的柴米油盐，可对丈夫的行动却大力支持。

让王淦昌永远难忘的日子是 1961 年 4 月 1 日。当时任第二机械工业部副部长紧急约见王淦昌，即刻进城“有要事相商”。这时王淦昌已经猜到八九分是什么事了。

这的确是一次重要的会面，它决定了王淦昌这位早在 20 世纪 40 年代，国内外久已闻名的核物理学家，从此要隐姓埋名，默默无闻地从事一项伟大的事业，将他的后半生奉献给国防工业，成为研究中国核弹的开拓者。

中国，不能没有原子弹。王淦昌深深地意识到这一点。

他为中国的“两弹”，心甘情愿隐姓埋名 17 年之久，从 1961 年到 1978 年，在世界各种学术交流活动中他失踪了，许多国外的科学家都在猜测，王淦昌究竟在研究什么?从那时起，他的足迹从北京走到青海高原，又伴着大漠的驼踪，走向罗布泊蘑菇烟云腾起的地方。

王淦昌和我们的科技大军用汗水赢来了 1964 年 10 月 16 日中国第一颗原子弹爆炸成功。在王淦昌和众多核科技工作者的奋力拼搏下，1969 年 9 月 23 日，我国成功地进行了首次地下核试验。这之后，他的脚步并没有停下。

他为国提出了"863"计划

20世纪80年代以来，以信息技术、生物技术、新材料等高技术为中心的新的技术革命浪潮有力地冲击着全球，它对生产力的发展，人类创造力的发挥、产生了巨大的影响，引起了经济、社会、文化、政治、军事等各方面深刻的变革。高技术及高技术产业已成为国与国之间，特别是大国之间竞争的主要手段。实践证明，谁掌握了高技术，抢占到科技的"制高点"和前沿阵地，谁就可以在经济上更加繁荣，政治上更加独立，战略上更加主动。

王老以他那博大精深的头脑、机警敏锐的目光、高瞻远瞩地去预见未来，为祖国的科学事业献计献策。1986年3月3日，王大珩、王淦昌、杨嘉墀、陈芳允四位老科学家给中共中央写信，提出要跟踪世界先进水平，发展我国高技术的建议。这封信得到了小平同志的高度重视，小平同志亲自批示：此事宜速决断，不可拖延。

左起王大珩、王淦昌、杨嘉墀、陈芳允四位老科学家给中共中央写信，提出要跟踪世界先进水平，发展我国高技术的建议，即"863"计划

王老说："863"还要充分发挥、调动更多的部门、更多的科技人员的积极性，特别是吸引在国外从事高科技研究的科技人员回国交流，沟通信息。希望有关部门能采取更多的措施，鼓励在海外工作的科技人员能经常回国开展科技交流，促进祖国的科技事业更快发展。目前"863"计划有力地推动着我国高科技的发展。

王淦昌的贡献

王淦昌是我国实验原子核物理、宇宙射线及基本粒子物理研究的主要奠基人和开拓者，在国际上享有很高的声誉。1941年，他独具卓见地提出了验证中微子存在的实验方案并为实验所证实。1959年，他在苏联杜布纳联合原子核研究所领导一个研究小组，在世界上首次发现反西格马负超子，把人类对物质微观世界的认识向前推进了一大步。1964年，他独立地提出了用激光打靶实现核聚变的设想，是世界激光惯性约束核聚变理论和研究的创始人之一，也使我国在这一领域的科研工作走在当时世界各国的前列。1984年，他又领导开辟了氟化氪准分子激光惯性约束聚变研究的新领域。

王淦昌参与了我国原子弹、氢弹原理突破及核武器研制的试验研究和组织领导，是我国核武器研制的主要奠基人之一。由于他对我国科学技术事业和国防建设的卓越贡献，曾荣获两项国家自然科学一等奖、一项国家科学技术进步特等奖等多项重要奖。

将门虎子

——记电工学家严陆光院士

严陆光（1935—）

严陆光简介

严陆光（1935—），中国科学院院士、乌克兰科学院外籍院士、第三世界科学院院士。著名电工学家。1959年毕业于苏联莫斯科动力学院电力系，回国后，在中国科学院电工研究所任研究员、所长。长期从事新的科学实验所需的特种装备的研制和新技术的研究与开发工作，曾取得多项重要成果，并在多个学术机构任职。1999年10月至2004年5月任宁波大学校长。历任全国政协委员、全国科协委员、中国太阳能学会理事长、中国电工技术学会与中国能源研究会副理事长。

严陆光是中国科学院院士，这位在电工学界成绩卓著的科学家，这位让青年学子倾倒的教育家，给人最突出的印象是慈祥、睿智、平易近人。初次见面就会让你产生一见如故、肃然起敬的心理。

建功立业献身电工

严陆光与父亲严济慈院士

“院士，您能讲一下电工学的研究范畴以及它在国民经济中的作用吗？您为什么要选择电工专业呢？”

“我们说的电工学与老百姓理解的电工不一样，电工学现在正式叫电气工程，是学科体系，它是研究解决电磁场的获取和物质相互作用的科学，是相当成熟广阔的科学，现在它已发展成高度产业化、实用化的学科。电工学是发电、输电、用电等电力工业及发电机、电容器、灯泡、开关等电工装备制造业的基础，现在工科大学生都学它。”院士耐心地给予解答。

“当年国家开始大规模建设需要工科，开始我想学航空，后根据我的情况，最终选择了学电。列宁讲过‘共产主义就是苏维埃政权加电气化’，我想电是很重要的。”

严陆光上小学的时候有点调皮，但功课非常好，尤其是数学特别突出。每当老师安排两组到黑板上做题时，他总是先做完，成为同学们羡慕的对象和赶超的目标。以后，他相继就读于昆明南菁中学、云南师院附中（原西南联大附中，是云南最好的中学）；随父母移居北京后，就读于河北省立北京高级中学（当时该校与师大附中、北京四中齐名，是北京最有名的三所中学之一），打下坚实的学习基础。他曾经以华北地区第五名的名次考上留苏预备班，在苏联留学时获得“电气工程师”（相当于国内的“优秀毕业生”）称号。严陆光以出色的学习成绩一路领先，在良好的学习环境中成长起来。

1959 年，严陆光从莫斯科动力学院毕业回国。当年他 24 岁，风华正茂，踌躇满志，立志为祖国做出一番事业。他被分配到中国科学院电工研究所。从此，风风雨雨逾半个世纪，三任电工所所长，他把智慧、心血献给了与电相关的高科技研究。晚年，他受聘于宁波大学，担任校长要职，为培养青年人，又作出了巨大的贡献。

来到电工所，他遇到了被他称为“我最尊敬和爱戴的老师”——林心贤所长。林所长是老革命，对青年人倍加爱护。他慧眼识珠，看到年轻的严陆光不仅才华横溢，而且对工作严谨认真，勤奋努力，十分器重。不久，林所长就将一项重大研究课题，关于国防科研所需的大能量电感储能装置的研制与实验工作交给了严陆光，让他做这个由三十多人组成的课题组组长。这个装置理论上可以储能千万焦耳，甚至亿万焦耳，但当时在世界上还没有实用过，只有美国做过一个试验装置。那时，我国与外国没有任何科技交流，是在完全封闭的情况下自行研究的，而且实验的条件很差，比如做线圈需要铜管，就得自己去找管子，并在露天下敲直；做变压器，就得自己到变压器厂烘烤，真是困难重重。特别是当时正值三年困难时期，大家都饿着肚子工作，严陆光带领课题组的同志们凭着对国家建设的满腔热情，充分发挥他们的智慧与能力，进行了卓有成效的研究工作，取得了一系列的成果。在 20 世纪 60 年代前期，先后建成了 10 万焦耳、100 万焦耳、1000 万焦耳的大能量电感储能装置。

光阴荏苒，经历了“文化大革命”的浩劫，几经曲折，到了 1971 年终于在合肥建成 6000 万焦耳的电感储能装置，用于大能量的激光实验。1978 年，在全国科技大会上，该项研究获得了重大科技成果奖。严陆光也因工作中的突出贡献，获得“先进科技工作者”的荣誉称号。

托卡马克与磁悬浮

领导建成我国第一台托卡马克电磁系统是严陆光的一大业绩。众所周知，氢弹爆炸的威力是非常大的，它的基本原理热核聚变就是用氘（音dāo，氢的同位素之一）和氚（音 chuān，氢的同位素之一）融合反应，把聚变能放出来。道理清楚，但如何将爆炸所释放的能量控制使用是个难题，全世界许多尖端科学家都在积极探索着。到60年代初，苏联搞了一个方案叫“托卡马克”。这是一个环形的放电装置，放电产生很高温度的气体，然后用磁场把高温度气体约束起来。当使温度达到足够高，约束时间达到足够长时，就可能有效地控制产生核聚变能。在我国物理学家陈春先的大力推动下，严陆光组织了一批人积极地投入了这一尖端研究工作。经过艰苦努力，终于在1973年由物理所建立了国内第一个托卡马克装置（CT-6），有百万焦耳的能量，这在国际上引起了强烈的反响。

陈春先、严陆光等科学家又进行了一系列的努力，与国外的同行进行了交流，为我国核聚变研究打下了较好的基础。

1977年，CT-6托卡马克获北京市科技大会成果奖，严陆光也获得全国科学大会颁发的“在我国科学技术工作中作出重大贡献的先进工作者奖”。

严陆光另一为世人瞩目的成就是“推动高速磁浮交通”，特别是他积极参加了“京沪高速铁路”论证工作，是我国发展高速磁浮交通的最早倡导者和坚定的支持者之一。“磁浮”即我们常听说的“磁悬浮”，所使用的交通工具被称为“磁悬浮列车”。

19世纪初刚发明火车时，时速只有20多千米。经过近200年的发展，火车的时速已达300多千米，但要继续提速已经越来越困难了，其原因就是无法克服火车轮、轨以及供电弓产生的巨大摩擦。20世纪初，电工新技术的发展，有人提出利用磁场和物质相互作用产生浮力的原理将车子浮起来，取消轮子和铁轨；又有人提出了取消供电弓的设想。设想似乎很简单，但将其真正用在实际上，造出磁浮列车，则经历了漫长的时间。1971年，德国造出了世界上第一台功能较强的磁浮列车。与此同时，日本也开始了对磁浮技术的研究。德国、日本都修建了实验线路，实验时速达到580千米。

严陆光院士，这位一向聚焦前沿科学，力主跨越的科学家，认为

“中国技术要上去，肯定要选前沿技术，不能人家做完了一个，我们学一个，这样永远上不去。”他看到磁浮列车与常规轮轨列车相比，具有高速、安全、舒适、噪声与污染小等优点，笃信在幅员辽阔，人口众多，石油资源紧缺的我国，有广阔的发展远景。于是他开始了漫长的求索，艰难的论证，寻找机遇，积极推动磁浮交通发展的历程。

在严陆光院士及一些有共识的科学家奔走努力下，在时任总理的朱镕基及上海市市长徐匡迪院士的支持下，从 2001 年 3 月起，总共用了 22 个月的时间，建成了上海磁悬浮试验运营示范线，这在全世界成为一个奇迹。

德国总理施罗德在访华期间，与朱镕基总理一起作为上海磁浮列车的第一批乘客参加了首次试运行。至此，表明了严陆光院士为之努力，为之奔波的磁浮交通正式诞生，我国磁浮交通的发展进入了新阶段。

“一个人活着，应该要使别人更幸福”

“将门虎子”严陆光的父亲严济慈是中国鼎鼎有名的物理学家。严

严陆光院士夫妇(后面照片为严陆光院士的父亲和母亲，塑像是父亲严济慈院士)

童年时代的严陆光及兄弟姐妹(左二为严陆光)

济慈字慕光，给孩子们以“光”字排行取名，是希望他们如父亲一样成为“科学之光”，报效国家。父亲严济慈工作繁忙，很少有时间能陪在孩子们身边。母亲张宗英便成为严陆光几兄弟的启蒙老师，一边教他们识字，一边给他们讲古今中外那些伟大人物的故事。严陆光还记得，母亲经常会买一些关于名人故事的小册子让他们读，这些书成为少年严陆光的挚爱。也许是天性敏感，有些故事深深触动了严陆光的心灵，他从中悟出不少道理。有一则关于拿破仑的故事让他至今难忘：那是一个大风天气，拿破仑在路边一个用石头垒起的小厕所里，无意中发现头顶上方有一个蜘蛛在织网，狂风不断将刚刚织好的蛛网吹破，但蜘蛛不灰心，还是耐心地一次又一次将网补好。“只要有恒心、有毅力，就一定可以战胜困难。”严陆光从这则故事里得到的启示，成为他在日后生活中不畏艰难的基本信条。每每回忆起学生时代，严陆光首先想到的，就是那些被他牢牢记住的格言。

高中时期,《为人民服务》《愚公移山》《纪念白求恩》是严陆光和同龄人接受思想教育的“老三篇”，目的是为了让青年人思考“自己为什么活着”。而严陆光说他受影响最深的，则是一本反映苏联人民抗击德国法西斯的回忆录，名为《卓娅和舒拉的故事》。故事的女主角卓娅被残暴的法西斯杀害。卓娅的一句话让严陆光永生难忘：“一个人活着，应该要使别人更幸福。”“这句话指导着我的人生。”此后，他在考虑有些事情该不该做的时候，总是先想一想对大家有没有好处。也许正因如此，严陆光在求学的各个时期并不满足埋头于书本，而是积极参加各种社会活动。“进入社会要发挥作用，光会读书不行，还必须会处理好各种各样的事情。虽然社会工作花的时间比别人多了一点，但收益还是很多的，最主要的是学会如何思考问题、处理问题，而不是只想自己。”严陆光说他当班长也好，当学生会主席也好，都要首先考虑大家，否则什么事情也办不了，同时还必须学会用正确的办法处理事情。1952 年，严陆光高中毕业，国家决定派一批学生到苏联留学，从高考中录取了成绩优异的前 280 余名进北京俄文专修学校（留苏预备班），严陆光以华北地区第五名的高考成绩入选。“俄专”开学不久，过团组织生活时大家谈思想，严陆光说：“自己一直认为，来到世上一定要给后世留下点什么，不能白白度过一生。”

1954 年，严陆光与哥哥严武光一起踏上了前往苏联的火车。出国前，父亲严济慈给他们写了一封饱含深情的家信，信中说：“你俩不能满足于成为一个普通的大学毕业生，要争取在大学毕业后在苏联多做几年研究工作，新中国所需要有成就的科学家，现在是、将来更是需要有成就的科学家。不用说，你俩该是新的知识分子。”从苏联莫斯科动力学院电力系毕业时，严陆光获得“电气工程师（优秀）”称号，并且提前一年毕业。留学苏联期间，严陆光用俄语在笔记本上抄写下来的一段格言，同样对他影响至深。那是一本俄文写成的《爱迪生传》，扉页引用了爱迪生自己的一句话：“一个人的价值决定于他所做成的事情，而不是别人的议论。”后来的几十年中，严陆光也曾遇到很多的议论。“任何人过一生，这一辈子究竟干了什么事，才是他真正价值所在，至于今天说你好，明天说你一钱不值，对于这些议论都不用去理会。”爱迪生的那句话他一直牢记在心。

金玉良言赠与后人

晚年，当严院士就任宁波大学校长时，他首先想到的是，把父亲和老一代科学家、革命家的教导告诉学生。在严校长的积极倡导下，从2001年起，学校举办了“做人、做事、做学问”名家系列讲座，请两院院士及许多事业有成之士讲自己的人生经历和感悟。这些讲座深受青年学子的欢迎，一千多人的礼堂几乎场场爆满。严院士五次登上讲台，用他父亲严济慈院士的一生，用他自己成长为科学家的体会，由衷地告诉学生：“做人贵在清白，做事必须认真，做学问要敢于好高骛远，善于实事求是。”

严陆光院士在宁波大学主持“做人、做事、做学问”讲座

金玉良言、字字珠玑，宁波大学的学生如沐浴在春风暖雨中，对严校长无比钦佩和感激。一位学子情不自禁地写下这样的话：若干年后，当我们书写宁大百年校史时，严陆光的名字将和竺可桢之于浙江大学一样，镌刻在最闪亮的一页。

如今，严院士还在为研究生讲课，他正以旺盛的精力耕耘杏坛，撰写着不老的人生。

严陆光院士“做人、做事、做学问”的箴言

不管你从事什么专业，有什么志向，当科学家也好，当企业家也好，当教育家也好，做普通劳动者也好，总有一条是应该学会、学好的，那就是做人、做事、做学问。做人贵在清白，做事必须认真，做学问要敢于好高骛远，善于实事求是。

——摘录严陆光院士在宁波大学的讲话

1. 院士语重心长，学生时代三点感受最深

学生时代有些事对我一生影响比较大，感受最深的有三点，首先是人为什么活着。

我是1949年进入高中的，那时候学校很重视政治思想教育，重视培养正确的人生观。我们要通读背诵《为人民服务》《愚公移山》《纪念白求恩》等毛主席的著作。那时国家刚解放，什么事都学苏联，我们看了许多苏联的小说、电影。印象最深的是《卓娅和舒拉的故事》，这本书是抗击法西斯时，一个叫卓娅的女孩子被法西斯杀害后她妈妈写的回忆录。我印象最深的是卓娅讲的一句话，她说：“一个人活着，应该要使别人更幸福。”就是说一个人活着，不是为自己，而是为别人活得更好，这句话在当时广为流传。我觉得这句话很有意义，影响了我的一生。以后考虑有些事情干不干的时候，我就首先想这事对大家有没有好处？这是做人的一个根本原则。

其次是学生应有的学习态度。学生要在学习阶段保持很高的求知欲，将任何知识都学好，这样才能打好基础，为以后攀登得更高做好充分准备。我们对知识要不挑不捡，只要是知识，只要你学得到，都应该去学，去掌握，不要整天想“这些东西我学了有没有用”。今天没用，说不定什么时候就有用了。只要是知识，我都喜欢，都愿意了解，都愿意掌握。根据这个原则，所有规定学习的课程，我都努力去学。大学毕业的时候，我的文凭上印着“优秀毕业生”，这里面没有什么特

别的诀窍，只需要你热爱知识，给你知识，你就无条件接受，老师教的东西应该全部学好。除了课程以外，还应该培养自己各方面的兴趣。我当时对哲学，特别对逻辑学很感兴趣。我觉得逻辑能教会人思维，教会人想问题。我也挺喜欢数学，常常在烦躁不安的时候，解个积分题，解完了，所有的烦恼也就没了。解积分题是很好的思维能力的锻炼，你掌握了，一道题几分钟就解出来了，不掌握，有时几小时，甚至几天也解不出来。历史也很重要，还有一个非常重要的就是语言。我记得刚到莫斯科的时候，系主任接见我们，和中国学生聊天，特别强调要我们在留苏期间掌握好俄罗斯文学，而不是那些庸俗的语言。“这样，人的档次才会上去。”所以我们刚到俄罗斯的时候，就花时间背普希金的诗，看高尔基的小说。总之，我们除了把课程学好以外，还应该有广泛的兴趣，不断地拓宽自己的知识面。同学们在打基础的时候，一定要注意把基础打深打广，抓紧时间多学习。

第三是读书与社会工作的关系。读书是为了做学问，为了做事，但做事与读书又不是一回事。学生时代应努力把学习和可能参加的社会活动、社会工作结合起来。多参加一些社会活动，多做一些社会工作，这样对你的成长会有很大的好处。最主要的是能从中学会做事，锻炼自己处理问题的能力。我在清华学习时担任班长，到莫斯科那几年，担任中国同学会主席。特别在清华那年，体会最深。清华一直注意培养学生能双肩挑的素质，学习好，又能搞社会工作。因为走向社会后光会读书不行，还必须会处理好各种各样的事情才能发挥作用。虽然社会工作花的时间多了一点，但得益还是很多的，最主要的是学会如何思考问题，处理问题。当班长也好，当学生会主席也好，都要考虑大家，单考虑自己不行，同时你还必须学会用正确的办法处理事情。锻炼是一点一滴的，好处也是很大的。

2. 感受美国人、德国人和日本人

这些年，中国学术界、科技界走向世界，我对外国人有些感受。

美国人向前看。如果他们和我国的知识分子交谈，我国知识分子开口先说："我是哪个大学毕业，什么时候拿了个博士，什么时候发表了什么文章，什么时候拿了什么奖"等，至于他现在干什么，想干什么讲得很少。到美国后，那里的科技人员首先给你看他现在在干什么，然后讲他想干什么，如果你问他以前干过些什么，他就送你几篇文章。科学进步要往前走，不要留恋过去，要创新，要往前看，我觉得这种精神，很值得我们现在的年轻人学习。你不要只留恋自己过去的成绩，要努力研究自己怎么往前走，怎样才能走上去。

德国人讲认真。德国人很讲纪律性、讲认真。德国人的准时是出了名的。我在莫斯科念书的时候，因为是中国同学会主席，有机会参加别的国家同学会的活动。一次，德国同学请我去参加他们的聚会，我去了，早到了10分钟，发现屋里空空的，一个人也没有。到离开会时间还差两三分钟的时候，人一个接一个地来了，到会议开始时间，人全到了。德国人的工作方法，也很有意思。我们什么事情搞不清楚的时候就思考，比如我掉了一根针，我就想这针掉在什么地方了，然后再去找。德国人不一样，他把掉针的地方画成块，一格一格地找，直到找着它，这就是德国人的作风。德国人的工业和德国人的精神，有很多值得我们好好学习的地方。

日本人有团结和爱国精神。举个例子，有一个日本人，在麻省理工学院拿到了诺贝尔奖，当时由于我们是去访问，在各种场合，见了日本同行，总要客套一下，说祝贺你们那位科学家拿诺贝尔奖了。但我得到的答复却出乎意料，几乎学界所有的日本人都说，那个奖不是属于日本的，那位科学家虽然是日本人，但奖是属于美国的，只有日本人在日本本土做出的成果，才算他们自己的奖。日本人内部的团结，有很多值得我们学习的地方。在日本工作，发现他们不讲同事的坏话。他们说："说人家坏不等于自己好，自己做好就行了。"进入世界环境里，感到有很多我们应该学习的，我们走向社会以后，要把自己的科技水平提高上去，提高到国际水平。

3. 院士建议建一条“飞车路”

（记者问：为什么建议总理搞上海浦东机场的磁悬浮工程?）

大家知道，交通运输、客运几千年历史发展有一条红线，那就是不断地提高速度。速度提高与人们旅行的时间、经济发展程度、客流量大小有关。铁路在中国是主要的交通工具，铁路的速度也在不断地提高，从每小时几十千米到每小时 350 千米。但再要提高就不容易了，因为个中有两大阻碍，一是火车使用的是轮轨，有摩擦；二是供电需要，有受电弓限制。这两个限制，使速度只能提高到目前的水准。用磁悬浮，有两个优点：一是可以不用轮轨；二是可以把定子和转子分开。转子搁在车上，供电线圈搁在地面上，在地面上供电。磁悬浮列车是和地面不接触的运载工具，它像飞机一样，只是它不用带燃料。磁悬浮列车的出现是有划时代意义的，经过几十年的发展，已证明使用这个技术可以运行到时速 550 千米，现在技术已经成熟到可以投入使用了，我国的发展需要这个技术。我们建议先在国内建一个磁悬浮列车试验运营线，总理很支持。

我们正在讨论把京沪线建成磁悬浮，这样，北京到上海 1000 多千米三个半小时就到了，等于飞机速度。这么长的线如果建成的话，将带动整个技术实现产业化。

严陆光的贡献

长期从事近代科学实验所需的特种装备的研制和电工新技术的研究发展工作。在中国开创了大能量电感储能装置的系统研制，建成了储能 6×10^7 焦耳的合肥 7 号常温电感储能装置。领导研制和建成了中国第一台托卡马克 CT-6 的电磁系统，参加了合肥 8 号托卡马克 CT-8 的设计和意大利强磁场 FT 托卡马克的调试。20 世纪 70 年代后期起，在超导电工方面，领导进行了多方面应用基础研究，研制成多台实用超导磁体，作为访问学者与客座科学家，先后在意大利弗拉斯卡蒂核聚变中心，德国卡尔斯卢厄核研究中心与日本高能物理研究所从事核聚变工程与应用超导研究工作。

严陆光院士题词

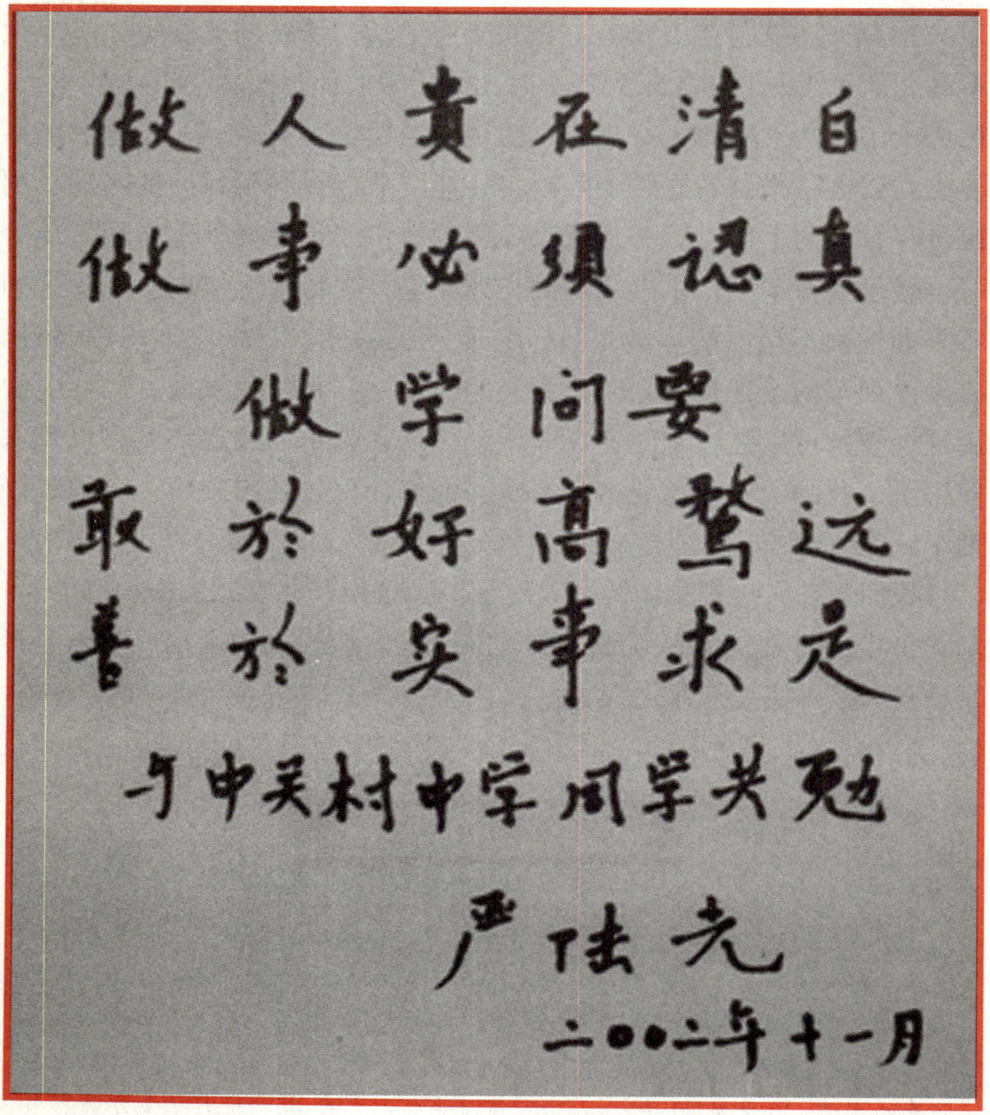
做人贵在清白
做事必须认真
做学问要
敢於好高骛远
善於实事求是
与中关村中学同学共勉
严陆光
二〇〇二年十一月

满腔热忱　报效祖国

——记我国气象科学奠基人叶笃正院士

叶笃正简介

叶笃正（1916—），中国科学院院士，安徽安庆人。1940年毕业于清华大学（当时为西南联大），1948年获美国芝加哥大学博士学位。1946—1950年在芝加哥大学从事研究工作，1950年10月回国，先后任科学院地球物理研究所和大气物理研究所研究员、大气物理研究所所长。1981—1985年任中国科学院副院长、现任科学院特约顾问、中科院大气物理研究所名誉所长。1979—1987年任中国气象学会理事长，现为名誉理事长。另外，受聘为芬兰科学院外籍院士、英国皇家气象学会荣誉会员、美国科学院名誉会员，并任多个国际学术组织成员。

叶笃正（1916—）

2004年2月24日上午，在人民大会堂隆重举行的颁奖仪式上，专程来北京的世界气象组织主席别德里茨基博士将“第48届世界气象组织奖”颁发给他，此奖被誉为“气象诺贝尔奖”——他是迄今为止获此殊荣的第一位中国人；2005年1月9日，还是在人民大会堂召开的全国科学技术大会上，胡锦涛主席将“国家最高科学技术奖”颁发给他，硕大的奖牌上，写着“奖金500万”；2010年国际小行星中心将第27896号小行星永久命名为“叶笃正星”。他就是世界著名的气象学家，我国现代大气科学奠基人之一叶笃正院士。走近这位学界泰斗，你见到的是一位笑容可掬、和蔼可亲的老人。

学笃风正——满腔热忱报效祖国

1916 年，叶笃正出生在一个前清道台家中，他在家中排行第七，父亲为他起名笃正，而他人如其名，求真、务实，为人正直。儿时的他聪明好学，在私塾中接受启蒙教育，14 岁时考入了南开中学，1935 年考入清华大学，1945 年前往美国，师从世界著名气象和海洋学家罗斯贝。1949 年，叶笃正在美国结束学业，他的博士论文引起了美国气象界的关注，并借此获得了一份年薪 4300 美元的工作。当时，美国大学教授年薪也只有 5000 美元。此时，灾难深重的中国正发生着翻天覆地的变化，五星红旗在天安门前冉冉升起，新中国诞生了。挚爱祖国的叶笃正毫不犹豫地选择了回国。他对老师罗斯贝说：“新中国是有希望的，我想回自己的国家做些事情。”经过一年的等待，到 1950 年 10 月，在举国欢庆第一个国庆日时，叶笃正与妻子冯慧女士登上了一艘将在香港停靠的轮船，辗转回到了祖国。在踏上祖国土地的一刻，叶笃正泪流满面，口中喃喃地说着“到家了”。

叶笃正院士

他曾有一段发自肺腑的语言：“每一个炎黄子孙，都会为我们祖先辉煌的业绩而感到骄傲，也都会对新中国成立前人民所受的各种残酷压迫和灾难感到耻辱。要把祖宗的辉煌当作动力，为中华崛起而奋斗；也要把过去的耻辱当成动力，为彻底清洗它而奋斗。”

他是这样说的，也是这样做的。

回国后的叶笃正被任命为中国科学院地球物理研究所北京工作站主任，在西直门内北魏胡同一座破旧的房子里开始了中国的气象研究。当时，我国的天气预报条件极其落后，如何提高预报的准确率是一项重大难题。整个气象室只有十几个人，连一张像样的天气图都没有。天气图是研究气象最基本的工具，做研究、做预报都要用，但是中国没有。叶笃正决定，没有图自己画。第一张图画出来，是500毫巴（现称百帕）高空图（相当于5千米高度的天气图），实验室的科技人员高兴得不得了，专门进行了庆贺。指着这中国第一张巨幅的天气图，豪情满怀的叶笃正讲：中国的天气预报要在物理、数学的基础上建立起来，今后，“天有不测风云”的时代该在中国结束了。

求实认真——励志气象不断创新

叶笃正院士的座右铭是“求实、求实、再求实，认真、认真、再认真”，求实认真是叶老的人生信条。他这样要求自己，也这样要求学生。他慈祥、善良，从不拒绝一位向他求教的学生，但他对学生的严格要求又是出了名的。他要求学生著文论说要“恰如其分”，不喜用词高调。比如有的学生在研究时喜欢用“发现”这个词，叶老不同意，他直言不讳地给学生指出：“你发现了什么？你用‘指出’不就行了吗？”他最厌恶学生不懂装懂，他告诉学生：“学问学问，学就是问，不懂可以问。”

叶笃正院士看书学习

叶老随身总是带着一个小本子，这是他从年轻

叶笃正院士和学生在一起

时就养成的习惯。每当遇到什么新问题、新信息，有了什么新想法他都及时记下来。他的学生说："他一直保持着儿童般永不消竭的对事物的敏感和好奇心。"

叶院士不仅是国内大气科学界的领军人物，也是国际屈指可数的学术巨匠之一，他的许多科研项目得到世界的重视，但他依然在不断攀登，不断创新。

这里特别要向同学们讲述叶院士在耄耋之年开始研究的关于"全球气候变化与人类活动的关系"的课题。

今天，可能小学生也听说过"温室效应""地球变暖"等气象用语，可是在20世纪80年代，有谁将气候的变化与人类的活动联系起来系统研究呢？叶院士是国际上首先提出这个关系社会可持续发展的极重要命题的科学家之一。

叶院士曾用这样的话深入浅出地给孩子们讲"有序人类活动"与气候的关系：我们人类做事太随便无序，这样的话，就把大气搞得乱七八糟，很不好。譬如说，由于人类没有秩序的活动，你排放二氧化碳，我也排放二氧化碳，全球变暖了，整个地球温度慢慢地升高了，这从一般人的感觉来看好像没什么，100年不过升高零点几摄氏度或

1℃，其实这个影响是很大的。气候变暖了，南极的冰块假设有十分之一融化，首先是海平面上升，对于我们这个疆土辽阔的国家来说，可能感觉不到怎么严重，但对于岛国来说，就意味着还能不能生存的问题。当然我国沿海地区，还能不能维持，也很难说。再如我国北方的沙尘暴问题，沙尘暴有两种：一种是我们没有办法的，大戈壁来的；一种是因为我们人类无序活动造成的，本来是很好的草场，结果把它变成农田了，破坏了草场的固土作用，导致风沙增多。所以说，人类要有序活动，至于如何有序，怎样才可避免无序，这就是一个涉及人类多种活动，甚至政治、经济、外交等的问题。

这确实是一个大的系统工程——是一个在国际上尚处萌芽的研究领域，关系人类生存的大课题。

寄语青少年——21世纪的中国是你们的舞台

叶老有一段精彩的“舞台说”：“一个科学工作者，一生的经历就好像是一出戏，这出戏演出要成功，有两个必须的条件：其中之一就是要有一个舞台，对我来说，这个舞台是科学院和大气物理所给我的；同时，还要有众多的演员，彼此帮助，彼此和谐，这出戏才能演出成功。”

叶老无疑是优秀的，是出类拔萃的，但是最出色的演员也需要一个能展示他的风采的舞台。在美国学业有成后，凭着拳拳的爱国心，他谢绝了高薪，选择了回到贫穷落后的祖国去发展，他说：“早年留学美国，学成后最担心的就是报国无门。是新中国的成立召唤我回到祖国，使我有了为国家和人民服务的舞台。”

1979年，叶院士率领中国气象团访问美国时，一位当初极力劝阻他回国的同窗好友问他：“您后悔吗？”叶院士回答：“我一点儿也不后悔：第一，我是中国人，我在给中国人做事，给中国老百姓做事；第二，美国不会给我这么一个大舞台让我来提意见、搞规划。”

叶老在科学研究中忧国忧民，有人说，叶老有“大侠风范”。这话还真着边，你一定未曾想到过叶老还是个“金庸迷”。叶老爱看武侠小说，他解释：一来可以松懈一下脑子，二来也受启发：比如有的侠客，你以为他死了，却忽然一下子又出来了，真是绝处逢生。做科研工作也常常如此，想了半天，觉得不行了，却又柳暗花明，冒出灵感的火花。叶老年过九旬时，走路依然风风火火，心中常怀科学为民，报效祖国的情怀。

叶老一生究竟拿到多少项国内外科技大奖连他自己也记不清了，他多次把奖金捐献出来并乐此不疲。他曾把自己获得的“何梁何利基金科学技术成就奖”的 45 万元奖金捐给了大气物理所，把世界气象组织奖给他的 1 万元瑞士法郎捐了出来，用以奖励在大气研究领域有杰出贡献的青年学者。他向曾经就读的天津南开中学、家乡的小学都捐过款……其实，他和老伴的生活非常简朴，穿衣很普通，保姆做什么吃什么，有时也在路边买两个大包子带回家。巨额奖金捐献的目的只有一个——为了中国的气象事业，为了人类的生存环境。他在为后来人搭建舞台。

如今叶笃正院士和他的学生又站在新的起跑线上，这位银发如霜的老人，正带领着大气科研的千军万马，走在气候系统和全球变化动力学的前沿，一步步地向巅峰攀登。

叶笃正的贡献

叶笃正开创了青藏高原气象学，为青藏高原气象学的建立奠定了科学基础；创立了大气长波能量频散理论，为现代大气长波的预报提供了理论基础；创立了东亚大气环流和季节突变理论；创立了大气运动的适应尺度理论，在天气预报业务上有重要的应用；开拓了全球变化科学新领域，贡献了一系列科学思想，对我国现代气象业务事业发展作出卓越贡献。他的理论研究成果对提高气象业务水平起到了重要作用。他积极参与和指导建立中国气象业务系统，为中国气象局的“气象中心”“气候中心”“信息中心”的建立作出了实质性的贡献。

叶笃正 院士题词

中关村中学以德育、智育、体育为本培育英才。

叶笃正
二〇〇三、九月

脚踏实地　一丝不苟

——记水声科研奠基人汪德昭院士

汪德昭（1905—1999）

汪德昭简介

汪德昭（1905—1999），我国著名物理学家、国防水声研究的奠基人、中国科学院资深院士。历任一、二、三、四届全国人大代表，五、六届全国政协常委，七届全国政协委员，是中关村中学名誉校长。出生于江苏省灌云县，1928年毕业于北京师范大学物理系，1934年赴法国巴黎大学郎之万实验室任研究生，1940年获法国巴黎大学国家科学博士学位，并留法进行科学研究。在法国期间，他的博士论文荣获法国科学院虞格大奖，并被誉为“朗之万—汪德昭—布里加”理论。他曾获法国声学学会最高奖章，法国总统颁发的军官级荣誉军团勋章等多种重要科学奖励。1956年应周恩来总理号召携全家回国。

1978年11月的一天下午，两艘供作水声科学实验的舰船，载着中国科学院声学所的30余名水声科技骨干起锚出发，朝着预定的西沙群岛东北海域驶去，准备进行我国有史以来的第一次深海水声实验。率领这支实验队伍的就是汪德昭教授。那年他已73岁，但仍然抱着对我国国防水声科研事业的满腔热忱，亲自出航，指导这一次深海水声实验。

南海浪高涌大，午夜舰船进入深海，开始刮大风了，船身就像摇篮一样，大幅度地摇摆起来，连素不晕船的汪老也剧烈地呕吐，但他还和大家一起坚持工作。最后，大家发现汪老口吐黄水，不得不“强迫”他躺下休息。不料刚刚躺下，一个大浪打来，船身剧烈抖动，竟把汪老从床上抛到了空中，向桌子冲去。眼看他的头部就要和铁制的桌角相碰了，幸亏随行的一位同志反应机敏，纵身一跃，双手抱住了他的身躯，才避免了一场不堪设想的意外。这次出行，几遇险情，当他们完成实验任务后准备返航时，又遇到了更意想不到的事故——船舵失灵了。舰船在海上随风飘流起来，而且向着与回程相反的西沙群岛漂去。最后他们不得不发出紧急呼救信号，由我国南海舰队派出救生舰艇将实验船拖回了港口。

这次深海水声实验非常成功，当问及汪老为何冒如此大险时，汪老说：深海水声规律的研究，是实现远程和超远程水声探测的物理学基础，具有很大的战略意义；同时这也是赶超世界先进水平的前沿课题。现在取得的成果表明，在这个领域的许多方面，我们已不再落人之后了。

这位热爱水声科研事业，热爱祖国的科学家就是中关村中学第一任名誉校长汪德昭院士。

聪颖勤奋　技夺天工

汪德昭自幼天资聪颖，学习勤奋，从小学到大学，他的学习成绩一直在班上名列前茅。他兴趣广泛，特别喜欢动手实际操作，总想弄清“为什么”，有时也难免犯些小“错误”。

有一次，家里买了一支体温表。汪德昭听说温度表可以测量温度，便端来一杯开水，想看看体温表可以显示出多少度。由于他不懂体温表与一般温度计的区别（体温表只能量 35~42℃之间的温度），所以当

汪德昭夫妇与约里奥·居里夫妇在一起(二排左一为汪德昭、左三为汪夫人；右一为约里奥·居里教授、右二为居里夫人。两人皆为诺贝尔奖获得者)

他刚把体温表放入开水杯时，体温表立时就炸了。这个教训让年幼的汪德昭记一辈子，认识到在做事之前，先要仔细了解它们的特性，不可莽撞行事。

有一段时间，汪德昭看见钟表就想把它们拆开，看看里面的构造和原理是什么。他曾经把父亲的怀表拆开却装不上了，所以后来好长一段时间，妈妈见到他就把家里的钟表藏起来，生怕又让他给拆了。虽然如此，汪德昭还是从中弄明白了钟表是靠发条松动来带动指针转动的。

有一次，他听大哥和同学们议论：陶瓷和木头都是绝缘体，不导电。有一个夏天，突然电闪雷鸣，汪德昭就赶紧跳到饭桌上，手举两个瓷茶杯，想看看这样是否就可绝缘不被雷击。这个举动成为家庭的笑谈，虽然幼稚可笑，却显示了他自幼就对探求科学道理的热衷。

正因为他自幼喜欢动脑动手，所以他以后在北师大物理系学习时，对实验技术非常重视，加之受到重视实验技术的吴有训教授（我国近代物理学的奠基人之一）的熏陶，后来做出了不少富有创造性的成果。最值得一提的，是他在法国留学时为居里夫人解困一事。

那是汪德昭在法国居里实验室工作时，有一天，居里夫人手拿一件仪器，面带愁容，对他说："汪，这是我天天用的 Wolf 型静电计——德国仪器，它的最关键部件是一根一个 μ 细（μ 为微米，即千分之一毫米）的白金丝，长约 45 毫米。可是现在这根丝断了！因为战争关系，到德国买仪器是不可能的，而我的研究工作一天也离不开它。汪，请你务必帮我这个忙，另焊一根一个 μ 细的白金丝吧。"

一个 μ 细的白金丝，在一般的光线下看见它都不容易，何况焊接！再把它直接焊到铜柱上，根本是不可能的。为了这台仪器，居里夫人已找过许多高级研究员试焊，皆告失败。她说："中国人手巧是世界闻名的，请你务必帮这个忙。"

汪德昭想，法国高级研究员做不成的事，那就看看我们中国人的吧！于是他下定决心，一定要把这台仪器修好，为中国人争光。经过苦苦的探索研究，他把一根较粗的白金丝直接焊在细铜柱上。白金丝可以镀银，使直径变粗，再经过一般的拉丝技术，把银丝中心的白金丝直径拉成一个 μ 细，然后用淡盐酸溶液将银层去掉，经过大约三个多星期的实验，静电计居然修好了！居里夫人高兴地说"和原来的一样"。这件事情在巴黎科技界传开了，很多人要求汪德昭帮他们修类似的仪器。前几年，X 射线专家 Glnier 访问中国时，在欢迎宴会上还特别提到此事，他说，汪为法国战时科学研究的进展起了作用。

藐视纳粹 拥师依旧

1933 年 10 月，为了实现"科学救国"的理想，经物理学家李书华教授介绍，汪德昭投奔法国高等理化学院院长朗之万，并到他的实验室学习和工作。朗之万是世界著名的物理学家，他不仅在科学上建树颇丰，而且是一位关心社会发展与人类进步的志士。他担任了反战争、反法西斯国际常设委员会主席。他的爱婿，著名理论物理学家雅克·梭罗蒙被纳粹杀害，他的爱女被关进奥斯威辛集中营，他自己也身陷囹圄。朗先生被盖世太保逮捕的消息，引起各方强烈的抗议。巴黎拉丁区和凯旋门的游行示威遭到镇压，死伤多人。知名人士如爱因斯坦、卡皮察等，不仅抗议还想方设法营救朗之万出狱。因此，纳粹党人一时还不敢对他下毒手，而是先把他投入监狱，随后又将他送到距巴黎 100 多千米的 TROYES 小城拘留，虽允许他在城内活动，但不准离城，并要求他每两天到德军住所报到一次。

当时法国维希傀儡政府听从德军的指示，下令免去朗之万的一切学术职务。汪德昭作为一个外国人在非常时期，更要十分慎重，否则会遭到德国人的迫害。为了表示抗议，他终于想了一个办法，法国科学院出版的《科学院学报》（简称 C.R.）有条规定：凡是在 C.R.上发表的论文，必须由院士推荐。在正常情况下，汪等的论文皆由朗之万推荐，现在朗之万被免去一切学术职务当然也就无权推荐论文了；但汪德昭偏要寄论文给朗先生，希望他照例推荐。文章要是在学报上发表了，这就等于维希政府的命令无效，朗之万仍然是院士，用这种方式表示不承认朗先生被免职。汪德昭于是将自己的论文《大气中的离子平衡》给他寄去，郎先生回信对论文表示满意，并感谢给他寄论文。同年 12 月 30 日这篇论文在 C.R.上发表了。实验室的同事们很高兴并向汪德昭祝贺，因为用这种方式支持朗先生的方法胜利了。那时在镭学研究所工作的钱三强同志，赞成这个抗议办法，也把论文寄给朗先生，由朗先生推荐发表。

老鹰捕兔　硕果累累

汪德昭在指导学生进行科研时，经常爱讲“老鹰捕兔”的故事。他说：你们见过老鹰抓兔子吗？老鹰在觅食的时候，总是先飞得高高的，在高空中盘旋，用它敏锐的目光搜寻猎物。等到发现了目标，就会迅如闪电地猛扑下，紧紧抓住不放。一个好的科学工作者就应当像老鹰捕兔那样，在开始工作之前，先要进行多方面的调查研究，寻找并思考自己工作的“切入点”。等到酝酿成熟，就要下大力气，紧紧围绕课题锲而不舍地做下去，这样就有可能做出好成绩。他是这样说的，也是这样做的。近几十年来，他在领导我国国防水声科研上，硕果累累。

汪德昭家乡江苏省灌云县板浦中学校内的汪德昭铜像

在科研战略指导思想上，他经过深思熟虑提出的“由近及远”“由浅入深”的研究途径得到批准，即先研究近海、浅海，后研究远海、深海。他提出的努力目标是：在世界声学研究这首“大合唱”中，我们中国至少要有几个方面处于“领唱”的地位。

“文化大革命”后声学所恢复，仅一年时间，汪德昭即带领全所人员完成了近 50 项科研课题，其中意义重大成果有 14 项。为此声学所光荣地受到了国务院的传令嘉奖。声学所在国防建设和经济建设方面都作出了直接的贡献，例如，在国防建设方面，由于声学所的研究成果，我国第一台近岸水下预警声呐（“声呐”俗称水下雷达，英语缩写为“Sonar”的音译，原意是“声音导航和测距”）诞生了，结束了敌方潜艇在我国近海海域招摇的局面。此外，20 号鱼雷声制导系统、鱼雷靶场跟踪系统、505 潜用综合声呐……都在相应的岗位上发挥了作用。

在为经济建设服务方面，声学所研制出了一种十分灵敏而别致的报警设备。利用声呐技术研制出 761 型波束渔探仪，不仅能搜索、跟踪鱼群，而且能在显示器上直观地指示鱼群的方位距离和大小。当年“沪渔 387 号”渔轮在试验作业中，利用这种仪器测到 2000 米远的大鱼群，结果一次网鱼 21.2 万千克。不少著名的国际水声学家曾经表示，中国的水声研究水平可能仅次于美国。而美国 Gouid 公司国防电子部总裁则公开表示：在浅海声场方面，最有发言权的是中国，这其中，汪德昭院士功不可没。

汪德昭的贡献

汪德昭，大气电学家、水声学专家，中国水声事业的奠基人。所从事的大气中大小离子平衡态的研究成果，被国际物理学界认为是“目前普遍接受的朗之万—汪德昭—布里加理论”。开拓我国国防水声学事业，制定了我国水声学的研究发展战略；为国家培养了一大批水声学研究人才；领导实施了水下预警体系，完成了多种国防和民用水声先进设备的研制。汪德昭是我国一位杰出的科学家，他对我国科学技术的发展，特别是对我国国防水声科学研究的贡献，将永远镌刻在中国科学技术发展的历史上。

汪德昭 院士题词

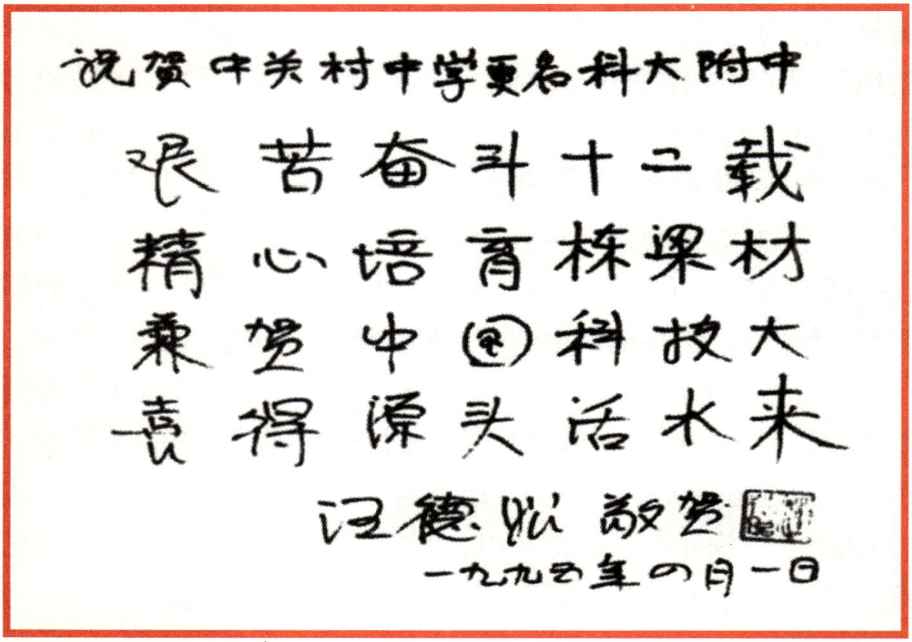
祝贺中关村中学更名科大附中
艰苦奋斗十二载
精心培育栋梁材
乘贺中国科技大
喜得源头活水来
汪德昭敬贺
一九九四年四月一日

追求科学的一生

——记“两弹一星”功臣王希季院士

王 希 季 简 介

王希季（1921—），卫星和卫星返回技术专家，中国科学院院士，国际宇航科学院院士，“两弹一星功勋奖章”获得者。1942年毕业于西南联大，1948年赴美留学获硕士学位，1950年回国。1958年调入空间技术研制战线，历任七机部中国空间技术研究院副院长、科技委主任、航天工业部总工程师等职。

王希季（1921—）

1999年9月18日，中共中央、国务院、中央军委关于表彰为研制“两弹一星”作出突出贡献的科技专家并授予“两弹一星功勋奖章”的名单中，“王希季”的名字赫然在列，当你见到他时，发现原来是一位慈祥和善的老人，当你进一步了解这位老人时，你会意识到，站在你面前的是一位巨人。

一路领先的少年时代

在父母的教育下，王希季从小就爱读书，他在昆明市省立师范附小学习时非常用功。他聪颖睿智，兴趣广泛，小学四年级就开始阅读《水浒》《西游记》等古典名著。平时，他听课认真，总爱思考“为什么?”他不追求分数，但到了关键时刻，却令人刮目相看——高小毕业时，他一举夺得昆明市小学毕业会考总分第一名的好成绩，成了全市小学生中的“小状元”。

父母都是老实人，笃信“饥荒三年，饿不死手艺人”，虽多所中学向这位“小状元”发出了免考录取通知，但他还是按照父母的意思报考了昆华高级工业学校的附属中学——虹山初级中学，以便将来能掌握一门技术，做个有专长的手艺人。

王希季以总分第一的成绩考入虹山初级中学，因学习勤奋、成绩优秀，每学期都获得奖学金，这笔钱足以支付学杂费和伙食费，极大地减轻了家庭负担。在学校里，王希季追求德智体全面发展，他热心帮助学习困难的学生，从不吝啬自己的时间。他抽空阅读课外书籍，在初中三年里，竟看了十几部中外名著。他注意锻炼身体，喜欢踢足球，是学校“长虹”足球队的前锋；他喜欢游泳，初中时，可蛙泳游出2000米。

1937年，王希季又以总分第一的好成绩如愿以偿考入昆华高级工业学校。“七七事变”发生了，满怀爱国之情的王希季决定报名参军上前线打鬼子，但终因年纪小未被录取。他虽然没能参军，但他决心要多学知识，为振兴祖国贡献力量。一年以后，北京大学、清华大学和南开大学迁到大后方昆明，成立了国立西南联合大学。刚刚学完高中一年级的王希季本着见识一下高考场面的想法，报考了西南联合大学机械工程系。让他的老师和同学都吃惊的是，他竟被按志愿录取了。由此足以见王希季的

青年时代的王希季

天资和学习功底的深厚，这事在当时的昆明学界被作为佳话流传。

当时，受战争影响，学校的住宿、伙食和学习条件都很差，还时常受到鬼子飞机轰炸的干扰，但这些都难不倒王希季，让他着急的是他没上高二高三，要补上所缺的知识才能跟上大学课程。他夜以继日，白天上课，晚上 8 点就寝，凌晨 2 点起床自学到早晨 7 点。早餐后再去上课，每天学习十四五个小时。“功夫不负苦心人”，他终于顺利地通过了大一、大二所有课程的考试。四年后，他读够了 132 学分，本科毕业，获学士学位。

历尽艰辛　初试火箭成功

20 世纪 50 年代后期，苏联的人造卫星上天了，美国的人造卫星也上天了，世界已经进入了空间时代，中国怎么办？1958 年，在中共“八大”会议上，毛泽东主席庄严宣布：“我们也要搞人造卫星！”那一年，王希季放弃了到民主德国讲学的计划，按照组织决定到上海机电设计院报到。去之前，他并不知道这是一个为发展我国空间事业，具体就是为搞人造卫星和运载火箭总体设计而建的保密单位，但他是一名共产党员，共产党员就应该到祖国最需要的地方去。那时，我国在这个领域还是一片空白。王希季为能献身这一伟大而神秘的事业，肩负开创的重任激动不已。

困难真是太大了。首先，设计院全体成员包括王希季自己都没有人造卫星和运载火箭的专业知识。苏联和美国研究出来的成果能告诉我们吗？但是，王希季和设计院全体成员都有一颗爱国心、事业心、责任心，凭着奋力拼搏、无私奉献的精神，他们勇敢地站到了起跑线上。他们请专家和教授来讲课，互教互学，学习火箭技术、空气动力学、飞行力学等理论知识，为了我们的火箭和人造卫星早日上天，人人拼命地学。

当时，计算机远没有现在这样先进，他们使用的是老式的电动计算机，为了算出火箭的飞行弹道，他们将计算人员分成 3 人一组，轮班工作。其中 2 人独立计算，1 人校对，每组工作 8 小时，昼夜不停地轮流算，夜以继日地干了两个多月，才用数字积分法算出一条完整的弹道。记录这条弹道数据的纸，叠起来竟有桌子那么高。

没有火箭发动机推进剂供应系统液流实验室，王希季寻遍了设计院的角角落落，最后看中了一个厕所门前的几平方米空地，用了十几天的工夫，建成了一座简易的“液流实验室”。没有发动机试车台，就利用一座旧碉堡，试车台建在碉堡的夹道里，碉堡内部用来测量试验数据和试验情况。发射场的条件就更加简陋，参试人员吃的是粗茶淡饭，住的是茅草屋，工作在田头路边，“指挥所”是用装了土的麻袋堆成的掩体，现场甚至连电话、广播喇叭这些最简单的通讯联络工具都没有，有谁想到，王希季等科技工作者就在这样艰苦的条件下，创造了奇迹。半年以后，1960 年 2 月 19 日，坐落在上海南汇县以东海滩的简易发射场上，一枚火箭静静地竖立在发射架上。时钟指向 16 点 47 分，随着发动机点火口令的下达，发射架旁涌起滚滚白烟，火箭沿导轨飞出发射架，冲向蓝天。首次实验火箭发射成功！这将是记入史册的一刻，是我国奔向太空的起点，它的成功为中国空间技术发展史留下了闪光的一页。毛泽东主席视察了这枚火箭。多少年后，当地政府和上海科协、航天局在这里建起了一座纪念碑，碑文写道：“第一枚 T-7M 火箭由上海机电设计院杨南生副院长、王希季总工程师等百名科技人员自行设计、制造。”

再接再厉　屡建奇功

随着第一枚火箭的试制成功，王希季也像上了轨道，一发不可收。在以后的几年中，他带领科技人员研制成功了第一代火箭气象运载系统，使该系统实现了固体化、小型化；接着研制成功了第二代火箭气象运载系统，这一代火箭在海拔 1000 米的发射场发射时，已能将 40千克的箭头送达海拔 70 千米的高空；随后又负责研制第三代火箭气象运载系统，使火箭在起飞质量、飞行高度和地面发射设备的使用性能均达到了国际同类产品的水平。

老当益壮、奋勇向前

继而，王希季思考如何让火箭发挥更大的作用，比如，把生物送上天去……当他得知中国科学院生物物理研究所正在探索利用火箭进行生物高空试验的可行性，开展高空生物飞行的工程技术与生物学研究后，立即组织研究人员开展能让动物上天的研究。首先，要解决动物在火箭上的生存环境问题。动物要吃要拉要呼吸，所以载动物的舱要密封，要维持舱内氧气、二氧化碳一定的浓度和比例，对动物排出的二氧化碳和水汽要进行物理或化学处理，舱内要保持一定的温度……总之，王希季又一次成功了。1966 年 7 月发射的两枚 T-7A 火箭分别把雌性狗“姗姗”和雄性狗“小豹”送达距地球 68~70 千米的高空。加上第三次试验，包括大白鼠在内的所有试验生物均经受住了飞行过程中的超重、失重、冲击、振动、噪声等综合因素的考验，全部随箭头乘降落伞活着回到了地面，为载人航天奠定了基础。

返回式遥感卫星是中国 20 世纪研制的各类卫星中发射数量最多的一类卫星，也是中国各类应用卫星中最早发展、率先进入实用阶段和达到世界先进水平的一类卫星。王希季在研究返回式遥感卫星领域功绩卓著，他担任返回式遥感卫星系列总设计师，是公认的该领域的技术带头人。他还领导科技人员突破卫星回收技术，为我国第一种返回式卫星的单元做技术试验，创建了中国航天器返回技术学科。

火箭探空是我国发展空间技术的起步项目之一，王希季在这个领域硕果累累。截至 2000 年 9 月，我国业已研制成功的 18 种型号的实用火箭探空系统中，由王希季院士担任技术总负责人的型号达 15 种。在此基础上，王希季创造性地结合中国导弹技术，提出了中国第一种卫星运载火箭——“长征一号”的技术方案，并主持了初样研制。他为我国1970年4月成功发射“东方红一号”卫星作出了重大贡献。

年事已高的王希季院士，依然承担着繁重的科研任务，并以极大的热情培养空间技术领域的人才。他认为，空间技术领域人才辈出，是中国空间事业永远兴盛的关键。受到王希季培养的科技人员，一致认为，在他的指导下业务能力和学术水平提高快，王希季是他们敬佩的良师益友。

王希季的贡献

中国早期从事火箭技术研究的组织者之一，是中国实验探空火箭及其后的气象火箭、生物火箭和高空实验火箭的技术负责人，倡导并参与发展无控制火箭探空技术和航天器返回技术两门新的学科。创造性地把中国探空火箭技术和导弹技术结合起来，负责提出中国第一种卫星运载火箭的技术方案。主持长征一号运载火箭研制和核试验取样系列火箭的研究。负责制订出返回式卫星研制方案，采用新技术，使卫星增大了功能，延长了寿命，使中国卫星返回技术达到国际先进水平。曾荣立航天工业部一等功，先后荣获国家科技进步奖特等奖两次，一等奖一次，二等奖一次。

王希季院士题词

中关村中学

科教兴国教育为先

百年树人素质为本

王希季

二○○三年七月二十一日

飞天圆梦

——记中国国家科技最高奖获得者王永志院士

王永志简介

王永志（1932—），生于辽宁省昌图县，航天技术专家，中国工程院首批院士、国际宇航科学院院士、俄罗斯宇航科学院外籍院士。1952年考入清华大学航空系，1961年毕业于莫斯科航空学院。

王永志（1932—）

当我国第一艘载人航天飞船“神舟五号”安全着陆，航天英雄杨利伟自主地走出飞船向大家招手致意时，全国各地沸腾了。这时，一位年逾七旬的老人流下了激动的泪水，振兴中华的抱负，坚苦卓绝的奋斗，都溶进了这深情的泪水中。他就是把中国人的飞天神话变为现实的关键人物——中国载人航天工程首任总设计师、中国工程院院士王永志。

王永志院士是位传奇式的人物，几十年来，他致力于我国“研制战略导弹、发射人造卫星和送中国人上太空”这三件振兴中华的大事，克服了无数难以想象的困难，取得了卓越的成就。他参与的六种新型火箭的首次发射全部成功，被誉为中国航天界的“常胜将军”；从“神舟一号”升空到“神舟六号”的安全返航他立下了汗马功劳，被誉为“我国千年飞天圆梦人”；他描绘的我国航天事业分三步走的蓝图正在逐步实施……2003 年，他荣获了“国家最高科学技术奖”；2005 年，中共中央、中央军委主席胡锦涛签署命令，授予他“载人航天功勋科学家”的荣誉称号。中央军委的命令指出，王永志同志是实现中华民族飞天梦想的主要开拓者之一，是国防科研战线上的一面旗帜。2010 年国际小行星中心将第 46669 号小行星命名为“王永志星”。

一生听从党安排

塑造人生的辉煌，是每一位青年人的理想。而像王永志院士这样的卓著功勋是怎样成就的呢？提起这些，王永志由衷地讲：“最重要的原因就是始终坚信党的领导，把个人的志向与祖国的需要紧密地结合起来，一切听从党安排。”

出生于贫寒家庭的王永志对党有着深厚的感情。1949 年 11 月，在共和国的旗帜刚刚升起的日子里，还在初中学习的王永志便在家人

王永志在飞船前

的支持下加入了中国共产党。也许是因为出身农民家庭吧，王永志从小就对农作物有浓厚的兴趣。在生物课上，老师讲的摩尔根遗传理论和米丘林学说都让他着迷，他梦想将来当一名生物学家，致力于改良物种。但是朝鲜战争爆发了，美帝国主义的飞机不时侵犯我国的领空，王永志所在的东北实验中学被迫陆续北迁，强烈的爱国之心让他高中毕业时一改初衷，报考了清华大学航空系飞机设计专业。

在清华大学和外语学院学习了 3 年后，王永志又被选送到莫斯科航空学院飞机设计专业学习。大学三年级时，组织上决定让他和同系其他 7 位同学，改学火箭导弹设计专业，从此，他义无反顾地踏上了航天事业之路。

学习期间，有一件事让王永志终生难忘。1957 年 11 月 17 日，毛主席在莫斯科大学接见中国留学生。毛主席激情地讲："世界是你们的，也是我们的，但归根结底是你们的。你们青年人朝气蓬勃，正在兴旺时期，好像早晨八九点钟的太阳。希望寄托在你们身上。"王永志和其他在场的青年一样，心潮澎湃，一种肩负重任、义不容辞的热流在胸中激荡。王永志说："毛主席的话，激励着我的一生。"

1960 年，由于中苏关系急剧恶化，中央召回我国留苏的全部高年级学生。不久，国家从战略上考虑，决定让国防专业的重要科系各派一名学员回苏联继续学习，火箭导弹设计专业指定让王永志回去。临行前，周恩来、朱德、聂荣臻等老一辈革命家在人民大会堂接见了重返苏联的留学生，希望这些年轻人发奋争气，把尽可能多的新知识、新技术学到手，带回来在祖国开花结果。王永志不负重托，学成归国后，倾其一生为祖国的航天事业作出了巨大贡献。

回眸以往，王永志院士感慨万分。他说："我是建国后发展的第一批党员，是新中国培养的第一代科技人员。是党的指引让我走上报效祖国的人生之路，是组织的精心培养，使我拥有了为人民服务的知识。""没有共产党就没有新中国，也不会有我的今天。我抱定了一心跟党走的信念，几十年从未改变。"

使命高于一切

飞船待发

1988年12月，中国政府决定研制“长征二号”捆绑式大推力运载火箭，承揽发射外国卫星的任务。要研制这种新型火箭，正常情况下需要四五年时间，但是国际市场如战场，这不仅是经济问题，更是国家荣誉问题。时任火箭研究院院长的王永志立下了“军令状”：“1990年6月30日以前把火箭竖立在发射台上待命发射。”很快，国务院批准了这项任务，当时离与国外合同规定的发射时间只剩下18个月了。作为研制总指挥，王永志怀着一颗火热的报国心，凭借渊博的火箭方面的知识，指挥着这项工作。他与总设计师等一起反复斟酌，制订出了切实可行的技术方案和实施计划。设计工作仅用了3个月的时间，当时设计所昼夜灯火通明，仅设计图纸就绘制了44万张，王永志与全体参与这项工作的人员一起废寝忘食地工作，那是怎样激情燃烧的时刻啊！终于如期完成任务，把外国的卫星成功地发射到轨道上。

1992年11月，王永志被任命为中国载人航天工程总设计师，他雄才大略，作为中国载人航天的领军人物开始勾画我国飞天之梦的蓝图。此时，美国和俄罗斯的宇航员已经自由穿梭在太空了——我们比他们整整晚了40年。

“如何面对40多年的差距？如果我们再搞一艘和别人40多年前一

样水平的飞船，它还能极大增强我国人民的民族自豪感吗？”王永志和大家一起冥思苦想。最后，思路定位于“跨越”，用跨越式发展的大思路来规划我们的飞天事业。

苏联和美国在研制载人飞船时都经历了体积由小到大，实验由小动物到大动物，宇航员从一人到多人，结构由单舱到多舱的发展历程，而我们一开始就瞄准了国际上最先进的载人飞船。

但谈何容易？航天技术是当今世界技术最复杂，难度最大的巨型航天工程，涉及众多的新技术。它耗资亿万元，但其中的高深技术是花多少钱也买不来的。中国人自己的事情还得自己办。

每一步都显示了“跨越”。现代飞船由推进舱、返回舱、轨道舱构成，俄罗斯第三代飞船虽已是三舱，但它的轨道舱（即生活舱）功能单一，所以在返回舱返回前，就将其遗弃烧毁了。而王永志力主的三舱飞船方案，其轨道舱具有多功能、多适应性，在返回舱返回地面时，将轨道舱留在轨道上，作为一颗科技卫星继续进行空间科学探索和技术实验。以后做对接实验时，只要发射一艘飞船与留轨运行的轨道舱对接就可以了。仅此一项，就可以为国家省下多少个亿的经费啊！

再例如我们跨越了大动物试验阶段，研制了比动物更真实模拟人体的“拟人代谢装置”，代替动物考核飞船的载人环境，从无人飞行试验直接跨入到载人航天飞行。

每一步都须万分谨慎，如临深渊，如履薄冰。如在“神舟一号”发射以前，模拟飞船返回地面的空投实验就做了 59 次，不能有一点疏漏，每一步都要付出巨大的艰辛。“神六”发射前后，一个星期的时间里，王永志几乎夜夜不能成眠。整个航天飞行，涉及七大系统、六百多台设备、十二万多个电子元器件，必须保证每个元器件都不出问题，才能保证飞行任务的顺利完成。他的担子太重了，责任太大了。有人形容：这是在刀尖上行走的老人。从 1992 年 11 月开始，在中国载人航天工程总设计师这个特殊而重要的岗位上工作了 11 年，他说自己非常投入，是在一种非常兴奋非常紧张的状态下度过的。

王院士常讲："使命高于一切！什么使命？实现千年飞天梦想，提高国际地位，提高综合国力，提高民族自信心，提高民族凝聚力，我们中国人也要进入人类活动的第四领域，进入太空。我们为什么要建空间站？就是想探索宇宙的秘密，开发空间的资源，叫它造福于人民——这就是航天人的神圣使命。"

成才念念不忘恩师

在王永志院士取得巨大成功后，他念念不忘的是教育他成才的教师，在他人生的每一阶段都有优秀的教师在指引他。

他忘不了小学老师刘汉甲。王院士深情地回忆："如果没有小学老师刘汉甲，我只会是一名文化程度不高的农民。"当年刘老师知道八路军在昌图县创办昌北中学，免费招收家境贫寒的子弟入学时，千方百计通知到他的大哥说："你可别把这个孩子耽误了，这是个有出息

王永志院士和他的夫人

的孩子。”就这样，已辍学回家务农的王永志再次踏进了校门。

他忘不了高中时的班主任钱永耀。当王永志找到班主任钱老师说他要学习飞机设计时，钱老师了解这位得意门生的拳拳爱国心，也相信他的实力，于是鼓励他报考清华大学。在老师的指点下，他如愿以偿地敲开了清华航空系飞机设计专业的大门。

第三位则是在苏联学习时，他的指导教师——苏联著名的火箭专家米申院士。米申院士像所有正直的科学家一样，将他的知识尽心地传给他的学生，毕业时，王永志撰写的论文是《洲际弹道导弹设计》。

最铭记于心的是被誉为“我国导弹之父”的钱学森院士，王永志是这样描述这位恩师的：“我有过许多老师，唯有钱学森老师指导我一生。”他深情地回忆：“进入20世纪90年代，钱老身体情况已经不好，可他仍花许多精力指导我们的工作。载人航天工程立项后，钱老还专门写信给我，交代总设计师应注意的问题，使我深受感动。”

王永志院士自幼勤奋学习，德智体全面发展，终成祖国栋梁之才。他为人生中遇到这样多的优秀教师骄傲，而所有的教师也都为曾有这样的学生自豪。

王永志的贡献

他长期工作在我国国防建设和航天事业的第一线，曾任中国运载火箭技术研究院院长、中国载人航天工程总设计师。为我国战略火箭、新一代地地战略和战术火箭以及运载火箭的研制作出了重要贡献，是我国载人航天工程的开拓者之一和学术技术带头人，为实现我国载人航天事业作出了杰出的贡献。

王永志 院士题词

赠中关村中学

民族复兴
重任在肩
自强不息
勇往直前

王永志
二〇〇五·五·卅

风度翩翩、学识渊博的学者

——记声学大师马大猷院士

马大猷简介

马大猷（1915—2012），生于北京，物理学家、教育家，中国科学院院士。1936年毕业于北京大学物理系，1939年和1940年分别获得美国哈佛大学硕士和哲学博士学位。主要从事物理声学和建筑声学的研究。1940年返回祖国，到昆明西南联大执教，投身于教育事业，成为西南联大最年轻的教授。后筹备创建北京大学工学院，任院长兼电机系主任，历任清华大学、中国科技大学、哈尔滨工业大学教授，1978年兼任中国科学院研究生院常务副院长。60多年来培养出一代又一代杰出人才，学生遍及海内外。

马大猷（1915—2012）

你是否在人民大会堂欣赏过优美动听的音乐，聆听过清晰洪亮的报告呢？当时你是否想过在这个万人大礼堂里，要使声音如此清晰动听是多么不容易吗？德国曾建造了一个圆形议会大厅，建筑材料非常高档，周围都是玻璃窗以增加议会大厅的透明度，但第一次开会，大厅周围反射的回声就杂乱异常，会议无法进行，只好又回到老会议厅去。可见声音的处理是多么至关重要啊！当年领导人民大会堂音质处理的就是马大猷院士，那年他 44 岁，但已是国内知名的物理学家了。

学有所成　毅然回国

马大猷 15 岁时父亲就去世了，母亲含辛茹苦供他们兄妹三人读书，幸得潮州同乡会的资助，才得以继续学习。他的青少年时代，正值日本帝国主义侵略中国，丧权辱国的“二十一条”签订，军阀混战、“五卅惨案”……直到“九一八事变”。落后的中国饱受列强欺负，风起云涌的学生爱国运动激发了青年人“科学救国”的热情，马大猷亦被席卷其中。他更加努力地学习，成绩非常优秀。

高中毕业后，他同时考上了北京大学物理系和清华大学电机系，因无力负担清华的高额学费，而选择了学费较低的北大，并得到奖学金助学。毕业后，因曾积极参加“一二·九”爱国运动，组织过学生罢课，北大当局不同意他留校任教，此时恰好清华大学招考留美公费生，物理学方面的专业是电声学，马大猷就去报考并被录取了。后来他被哈佛大学接受做研究生，但他的老师著名物理学家吴有训先生建议他去洛杉矶加州大学，因为那里的物理系主任努特森教授是国际声学权威之一。吴先生的意思很明显：名师才能出高徒，要成才，就要找好的老师。当时该校规模还很小，学生也不多。努特森教授给了他一个研究题目：颤动回声。他认真做了实验和理论分析，完成了在国外的第一篇论文，后来该论文在美国声学杂志上发表了。

青年马大猷获博士学位

和马大猷一起合作的博鲁特在论文公式中，导出了一个适合于声频范围内简正波频率分布的公式，大家都向他祝贺，但马大猷感到他的公式稍嫌繁复，复杂的公式不断烦扰他，让他寝食难安。第二天他忽然灵机一动，何不用频率空间的体积计算呢？这样计算较简单，公式也不会复杂。他把这个看法告诉了别的同学，大家都赞赏。这个公式在 1938 年美国声学学会年会上宣读，从此，这一公式就成为波动声学的一个基本公式。

到 1938 年 5 月底，马大猷在美国的 6 个月中，共听了声学、统计力学和量子力学三门课，做了实验，完成两篇论文，这得益于朱物华和任之功两位先生教导折的基础，其次是加州大学的学术空气，使他得以探索科学奥秘。后因努特森教授去欧洲，他又回到哈佛大学学习。

他在哈佛又学习了物理系和通讯系的课程，还做了两件研究工作，一件是参加导师韩特的“矩形室中声衰变的分析”，另一件是完成博士论文《矩形室内的非均匀声边界》，这是上一工作的继续。完成了这些工作，在不到两年的时间内，他被授予硕士和哲学博士学位。这时已是 1940 年，国内抗日战争已是风起云涌，虽然留在美国继续发展，对个人前途和名利来讲，无疑是一种最佳选择，但国难当头，他要回去和自己的同胞同命运、共患难，为祖国效劳，做一个有良知的知识分子。毕业典礼后，他即刻起程返回祖国。回国后先在西南联大任教，从此开始了漫长的教育生涯，直到 1955 年调到中国科学院，恢复声学研究工作。

兴“声”之利　除“声”之弊

1959 年中央决定在北京兴建十大建筑，计划中的人民大会堂面积 9 万平方米，是当时国际上最大的为正式活动而建的厅堂，它的音质处理问题就交给了中国科学院马大猷教授负责。这是一项前无古人的设计工作，马大猷组织了北京的几所大学以及建筑、广播系统中的声学专家进行研究，提出设计要求，进行模拟试验，创造性地提出了在每个座位前安装小扬声器分散声源和在台口左、右、中放个大扬声器连接的立体声系统，以解决这巨大厅堂中的扩声问题。顶上和墙面用穿孔板吸声处理，板后加矿渣棉以减少回声并控制混响时间到1.8秒，适合听音乐的需要，分散声源则为了听报告。建成后作了测量，证明设计、处理完全成功。后来人大、政协每年听报告、开大会以及大型文艺表演都在这里，大家对声音效果很满意。2000年笔者所在学校——中关村中学在人大会堂召开了跨世纪庆祝会，对这里的声音效果，大家都深有体会。

噪声也是一种污染，它让人心情烦躁，甚至严重影响身体健康。为减少噪声的危害，马大猷院士作了艰苦的努力。

1966年国家准备发射导弹，下达了吸声系统的任务。导弹发射时所产生的噪声十分强烈，其功率足够开动一辆卡车，还伴随高温甚至火焰以及潮湿等问题。在国际上，吸收声音主要靠多孔性材料和纤维材料（如玻璃纤维、矿渣棉等），使声音产生的空气振动在微孔内摩擦、消耗。而对待导弹产生的噪声，必须要有复杂的保护设计，以免多孔性材料遭到破坏。马大猷决定不采取这种笨重的办法，他设想声音既然可以在小孔内摩擦、损耗，何不在金属板上穿微小的孔以完成吸收的作用呢？经过初步估计，他提出在不锈钢板上穿小于1毫米的孔微穿孔板的想法。当时研究室的同志们日夜奋战，做了大量实验，证实了提出的设想可取，并取得大量数据。根据这些数据，做出了设计要求，在实际发射中，起了作用，初步解决了导弹发射时的吸声问题。后来马大猷院士又仔细作了理论分

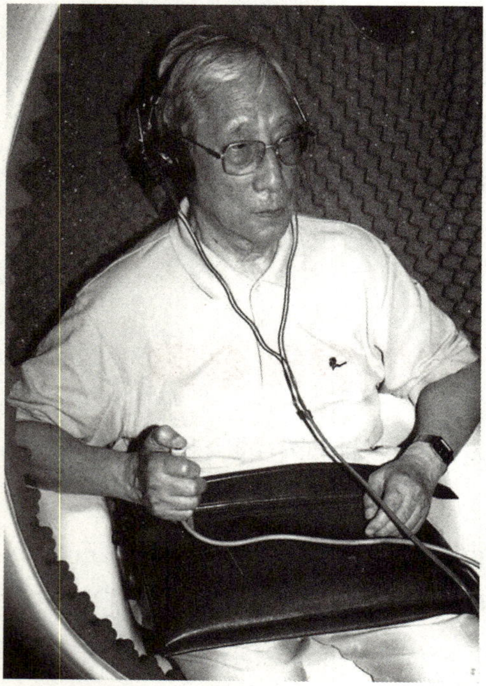

马大猷院士在做声学测试

析，使其成为完整的工作。

前面说到德国那个议会大厦，研究对其声音处理的任务落到了斯图加特建筑物理研究所，恰好当时我国有 3 位同志在那里合作研究，他们利用马大猷的理论，设计了有机玻璃微穿孔板，既解决了回声问题，又保持了透明度，在欧洲成了重大新闻，为此，德国夫琅和费协会给马大猷颁发了金质奖章及德国建筑物理研究所 ALFA 奖。这件事为我国赢得了荣誉。

1966 年马大猷又接受了人造地球卫星的噪声试验任务。卫星发射后速度很快，空气摩擦要产生强大的压力起伏，特别是在回收时，卫星可能遭受声疲劳破坏，内部灵敏仪器、设备可能因声失效而失去准确度。为了避免这种后果，一般在发射前先做强噪声环境下试验，以保证安全。马大猷领导了高声强实验室的设计、建筑和安装工作，建成了能产生 160 分贝的混响室（平常讲话是 60 分贝，高 100 分贝是强度高 10^{10} 倍即高 100 亿倍）和 170 分贝的行波管道。经过测试，性能良好。还做了不少材料试验、航空部件试验及动物试验。当时国外渲染“次声”枪，说次声先使人失去生殖能力，甚至血肉模糊，高声强实验室中的实验结果驳斥了这一谬论。

马大猷院士对科学的态度非常严肃认真。有这样一个例子，1974 年一则消声器的广告，引起了马大猷院士的注意。广告说针对高压气体从气管放出来时发出的尖锐啸叫声，在广口装上这种消声器，可以使噪声降低 30 分贝（强度降低到原来的千分之一）。这是个新闻，但广告中的解释却似乎是荒唐的，它解释说“消声器中有一个带有许多小孔的帽子，把气流分散成为许多气柱，然后让它们在多孔性材料做的圆筒中来回反射，互相干扰，把声音消去。”马大猷想：这怎么可能呢？于是他和几位同志商量后，一起从理论和实验上研究这个现象。这个四人小组共活动了 10 年，10 年中发明了发电厂和化工厂用的消声器，创立了气流噪声的理论。这项工程可以说完全从对小孔气流无知开始，最终从理论上解释了这个现象，得到小孔可以降低噪声的根据，并取得丰硕的成果。从这个例子可以看到院士对科学的态度，如果当初院士只是自诩高明，一味嘲笑广告中的解释无道理而不做深入的研究，那就一事无成了。

实事求是与学好数理化

马大猷院士从小就对学问抱有实事求是的态度，这与老师的教导有关。还在中学时，一次他有一道数学题不会做交了白卷，当他惴惴不安地等待批评时，不料竟受到老师的表扬。老师在这道题的空白处写道："知之为知之，不知为不知，是知也。"从此，这句话铭刻在他心中，终生不忘，有时也以此对别人加以评议。他对现在一些鉴定会上，鉴定委员中有人对鉴定的课题所知不多，甚至一无所知，但仍随众发表意见，签上大名。对有些研究人员什么课题都敢接受，并且可以马上写出"研究计划"非常看不惯。至于对那些破坏、剽窃知识产权，制造、销售伪劣产品，更是坚决反对。他严格遵守着"知之为知之，不知为不知，是知也"的道德准则。

有的同学问：面向科学技术迅猛发展的前景，我们应如何学习呢？

马大猷院士荣获何梁何利奖

马大猷院士的回答是：“打好基础，学好数理化。学好数理化不是不学别的知识，要全面发展，当然不能光学数理化。”

马院士谆谆教导：“学好数理化不是在量上，而是要在质上学好。首先是掌握基本科学知识。新技术（包括生物技术）主要是应用数学和应用物理，新材料则主要是应用化学。有了数理化基础，掌握其基本理论、规律和定律，就不难接受其任何新的发展，甚至参加开发工作，这就是科学的适应性问题。一位优秀的工程师，不是永远不遇到疑难，而是能很快解决它，这就是基础知识起作用了。”

马大猷院士工作照

“学好数理化掌握基础知识十分重要，但更要掌握数理化的本质。学习数学实际是逻辑训练，任何命题、解答都要严格、有凭有据、一丝不苟。这种训练不仅是掌握一些数学知识问题，而是思想方法的锻炼，影响深远。现在有个别大学生连实验报告都写不清楚，甚至不知所云，如果按照联合国教科文组织的定义，他就是文盲！”

“学习物理不止是物理知识问题，关键要搞清楚：什么是可能的，什么是不可能的。这很重要，以免在今后不可能的事物上浪费精力，害人害己，而应在可能的方向上创造出新事物来。”

这些体会，是马大猷院士集一生学习与实践所得，是中学生成才须知，一定会让青年人获益匪浅。

马大猷的贡献

长期从事声学研究工作，在物理声学、建筑声学、语言声学、大气声学、次声学、电声学、非线性声学等方面提出了多项重要理论。马大猷提出的简正波理论，是当代建筑声学发展的里程碑；马大猷创建的声学微穿孔板和小孔消声器理论，在国内外得到广泛应用，为噪声控制和环境科学作出了重要贡献。20世纪50年代，马大猷领导建立了中国第一个声学实验室，提出了语音统计分析分布的新理论，主持完成了北京人民大会堂的声学设计等重要研究工作。在1973年召开的第一次全国环境保护会议上，提出噪声应与废水、废气、废渣并列为环境污染四害问题之一，并在1982年组织制订了《城市区域环境噪声标准》。发表科学论文百余篇、科普读物百余篇。

马大猷 院士题词

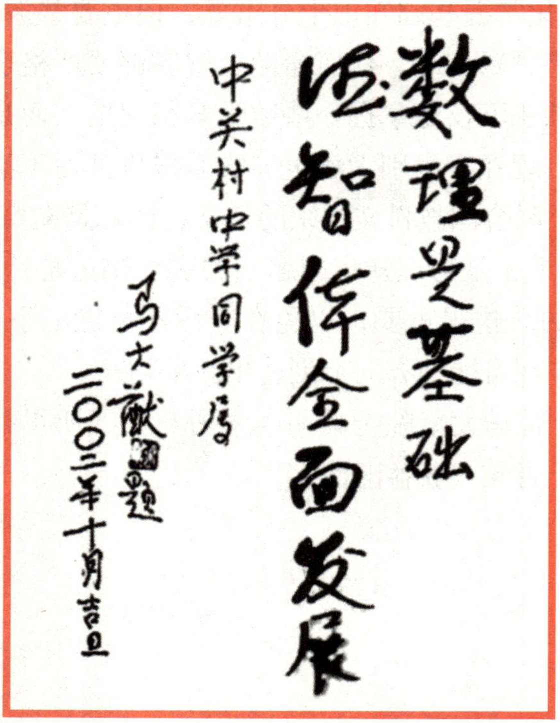

“国产土专家”

——记中国“氢弹之父”于敏院士

于 敏 简 介

于敏（1926—）

于敏（1926—），核物理学家，中国科学院院士。1949年在北京大学攻读研究生并兼任助教。1951年起在中科院从事核理论研究工作。1960年底开始从事核武器理论研究。1965年调入二机部第九研究院，曾任理论研究所所长、研究院副院长、院高级科学顾问、国家高技术主题专家组顾问等职。

1964—1970年，我国的国防科研捷报频传，创造了一个又一个人间奇迹：我国第一颗原子弹爆炸成功、我国第一颗装有核弹头的地地导弹飞行爆炸成功、我国第一颗氢弹空爆试验成功、我国第一颗人造卫星发射成功。举国上下为之自豪、扬眉吐气，全世界为之震惊、赞叹。

邓小平同志曾深刻地指出：“如果60年代以来中国没有原子弹、氢弹，没有发射卫星，中国就不能叫作有重要影响的大国，就没有现在这样的国际地位。”在当时我国物质条件和技术力量都极为薄弱的条件下，“两弹一星”的研制者们，克服了难以想象的艰难险阻，甚至经受了生命极限的考验，取得了举世瞩目的辉煌成就。在中华人民共和国成立五十周年之际，党中央、国务院、中央军委决定，对当年为研制“两弹一星”作出突出贡献的23位科技专家授予“两弹一星功勋奖章”，于敏院士即是其中的一位。

研制氢弹任务急　呕心沥血创奇迹

青年时代的于敏

1964年5月，毛泽东纵观世界风云，以一个战略家的眼光明确指出：“我国原子弹要有，氢弹也要快。”在我国成功地爆炸了第一颗原子弹后，周恩来总理即指示二机部制订核武器全面发展规划，要求加快氢弹研制速度。为了集中力量进行氢弹攻关，二机部对科研人员进行了调整，一批原子能专家被调到核武器理论研究部，于敏被任命为该部副主任，与该部邓稼先、周光召、黄祖洽等7位领导密切配合，同心协力，为了早日实现国家拥有氢弹的目标，开始了呕心沥血的研制工作。此时，中央下达的目标是：力争1968年研制出高标准和高当量的氢弹装置，并明确提出了装置的标准为1100（即重量1吨的氢弹装置要求爆炸威力达到100万吨TNT炸药的当量），号召大家为1100而战。

当时理论部刚刚攻克了原子弹难题，正处于发展的鼎盛时期，士气锐不可当，又获悉法国人也正在进行氢弹研究。为了实现1100，赶在法国人的前面成功地爆炸氢弹，于敏和其他的科研人员夜以继日地工作，甚至经常通宵达旦。

然而，氢弹毕竟是非常复杂的系统，在研究过程中，一条条的途径被提出来，经过仔细的讨论和计算分析，又一条条地被否定了。有好长一段时间于敏和他的同事始终找不到氢弹原理的突破口，一次又一次地陷入山重水复疑无路的困难境地。

于敏作为学科带头人，深感自己的责任重大。他经常深入到研究室，或指导大家进行研究，或自己埋头看纸带，分析计算结果，抓物理实质，掌握研究进展和科研方向，发现问题及时解决。脑子里想的除了氢弹问题还是氢弹问题：计算的物理模型对吗？物理参数对不对？计算程序是否要修改？应该选择什么技术途径？……他常常是食不甘味，夜不成眠。

那段时间，于敏对氢弹的专注几乎到了痴迷的程度。有一次，妻子让于敏去食堂买饭，他信手拿了一个塑料袋就去了食堂。待将买来的包子和米饭装进去时，扑通扑通全从袋底下掉了出来，原来这个袋子没底。周围的人忍俊不禁，都哈哈大笑起来。

又有一次，妻子好不容易说服于敏一起去王府井，但到了百货大楼门前，于敏却不肯进去，硬要坐在门口等着，让妻子一个人进去买东西。妻子出来时不见了他的踪影，回到家里也不见其人，好容易等到华灯初上，他才姗姗而归。妻子问他去了何方，原来他找了个僻静的地方思考氢弹问题去了。

为了找到热核材料自持燃烧的关键所在，于敏率领一个攻关小组到上海华东计算机所，利用 J501 计算机进行设计。物理工作者与数学工作者混合编队，轮流到机房算题。每去一次机房就抱回一大堆印满阿拉伯数字的纸带，留在办公室的人就分析计算结果，准备下次上机计算的物理模型。他们满腔热忱、干劲冲天，恨不能马上把方案搞出来，但是，计算结果老是不理想，当量上不去，一时间，大家陷入了困惑状态，情绪有点低落。于敏给大家鼓气，鼓励大家一定要坚持下去，不完成任务决不收兵，同时着手给大家做系列学术报告。他除有时去机房外，大部分时间埋头于堆积如山的纸带中，仔细分析计算结果，一个一个数据地看，一个一个物理量地抠，把枯燥的数据变成生动的物理图像，从而发现问题，抓住物理实质，总结物理规律——这是于敏一贯的事必过细的科研作风，然后再把思路讲给大家听。在于敏的指导下，大家终于找到了热核材料自持燃烧的关键，并最后下决心用原子弹引爆氢弹。但至此，还没有突破氢弹的原理。后来，于敏又带领大家解决了一个又一个的难题，不知付出了多少艰辛，经历了多少焦虑，才发现了氢弹的原理，最后将各方面的研究成果归纳整理成了氢弹理论方案。理论方案确定以后，还有大量的技术问题和工程制造问题需要解决，于敏又和大家一起投入新的战斗。

要真正将氢弹研制成功，还要做许多冷试验，特别是要经过热核试验的检验。1966 年 12 月 28 日，在罗布泊核试验基地百米高的铁塔上，进行了我国首次氢弹原理试验。当报时员按倒计时喊到零时，于敏的心简直提到了嗓子眼儿。随着鲜红的火球冉冉升起，蘑菇云翻滚而上，他的心才慢慢地放了下来。当听到试验的速报数据与理论预估的结果完全一致时，他的心真比吃了蜜还甜。

在氢弹原理试验成功后，中央批准了做全当量试验的报告。此时正值“文化大革命”的动乱年代，于敏身负重托，如牛负重，如履薄冰。他深知，哪怕有一个环节、一个部件、一个数据、一个细枝末节的地方有所疏忽，都有可能导致热核试验的失败。这不仅关系到几千万人民币，而且直接关系到共和国的声誉。他再三告诫身边的工作人员：“千万不能有一点马虎和麻痹大意”。

为了赶在法国人的前面爆炸第一颗氢弹，理论部马不停蹄、日夜奋战，通过大家团结协作，共同努力，1967 年 2 月完成了氢弹的理论设计任务。又经过一系列的试验，终于赶在法国人的前面，在 1967 年 6 月 17 日用“轰六”飞机空投，成功地进行了全当量试验，威力为 330 万吨 TNT 当量。我国政府正式对外庄严宣布：中华人民共和国成功地爆炸了第一颗氢弹！

据说，法国总统戴高乐在听到这一消息后，把他们的原子能委员会成员痛骂了一通。

继续前进不停步　舍身忘我振国威

我国是社会主义国家，我们过去没有，今后也绝不会侵略别国，但当别人欺侮我们时，我们必须有能力保卫我们的国家，保护我们的人民。

当年，我国不但以世界上最快的速度突破了原子弹和氢弹，紧接着又以相当快的速度研制成功了小型化、高比威力的核武器和中子弹，取得了一次又一次的重大突破。美国和前苏联做了上千次热核试验、法国做了 200 多次热核试验、我国总共只做了 45 次，在热核武器设计方面就达到了国际先进水平，这大大地赢得了时间，也为国家节约了大量的钱财。

在氢弹爆破成功后，于敏和他的同事们又投入到了下一个目标的科研工作。当时于敏的身体条件很糟糕，高原反应非常强烈。没有食欲，疲惫无力，虽然从宿舍到办公室只有百米之距，他都要歇几次吐几次，甚至在会战队中召集理论部的人开会时，也经常只能躺在椅子上或床上有气无力地说话。就在这样的身体条件下，于敏出于强烈的责任感，一直坚持到技术问题解决后才离开青海高原。以后，他又八上高原，六到戈壁，来回奔波，几次病倒，甚至休克，为了祖国的国防事业，他真是赤胆忠心、鞠躬尽瘁啊！

1996 年有核国家签订了《全面禁止核武器试验条约》。美国为了保持他的核霸主地位，在全面禁试前就开始另辟蹊径，利用实验室进行模拟实验。我国怎么办？于敏等科学家对全面禁试后，如何保持我国核武器可持续发展的能力，确保库存核武器的安全和有效性做到了未雨绸缪。为了国家的领土完整，为了人民的安定幸福，他们殚精竭虑，再立新功。

国破酿就爱国志　家贫勤奋终成才

于敏生长在兵荒马乱、民不聊生的战乱年代，又值日本帝国主义侵略中国。1938 年于敏小学毕业，举家迁到天津，与在那里的父亲团聚。他耳闻目睹了日本鬼子烧杀抢掠，亲人被杀害，同胞被欺侮，幼小的心灵深深地种下了对侵略者的仇恨，孕育了强烈的爱国情怀。

于敏天资聪颖，上小学时，成绩总是全班第一。上中学时一次统考让于敏名震全校。那是他上高二时，有一次参加高一至高三三个年级基本知识的统考，考题的知识量很大，知识面很广，但于敏几乎无所不知，得了全校第一名。为什么于敏如此博学呢？原来，于敏平时除了学好课堂知识以外，还喜欢博览群书，无论天文地理、稗官野史，他几乎都看，博闻强记，所以知识面非常广。在耀华中学上高三时，由于家境贫寒，没钱坐车，每天来回要走两个小时。中午只能待在教室里，一杯水、一个窝头或一张饼打发肚子，困了只能趴在桌子上打个盹儿。但是师生没有看不起他，反之同学尊重他、佩服他，老师喜欢他、器重他。因为他学习好，又乐于助人，老师们都说于敏是耀华中学多年来未见过的好学生。高中毕业后，在陈范有先生的帮助下，于敏得到某公司的资助上了北京大学工学院，从此，他更加努力学习，为实现“科学救国”的理想而奋力拼搏，终于为祖国的富强作出了卓越的贡献。

于敏的贡献

在氢弹原理突破中起到了关键作用，解决了热核武器物理中一系列基础问题，提出了从原理到构型基本完整的设想。后长期领导并参加核武器的理论研究和物理设计工作，解决了一系列有实际应用价值的理论问题，取得了多项重要研究成果，对中国核武器的发展作出了突出的贡献。从 20 世纪 70 年代起，在倡导、推动若干高科技项目研究中，发挥了重要作用。曾获“五一劳动奖章”“全国劳动模范”等称号，曾获国家自然科学奖一等奖，三次获得国家科技进步奖特等奖，被誉为“我国氢弹之父”。

于　敏院士题词

赠中关村中学同学：

才须学学须志

志存高远

于敏

〇三·七月

倾情黄土一生

——记国家最高科技奖获得者刘东生院士

刘东生简介

刘东生（1917—2008），第四纪地质学、古脊椎动物学、环境地质学家，中国科学院院士。生于辽宁沈阳，1942年毕业于西南联合大学。1987年获澳大利亚国立大学名誉科学博士学位，1995年获香港岭南大学荣誉法学博士学位，1991年当选为第三世界科学院院士，1996年当选为欧亚科学院院士。中国科学院地质研究所研究员。早年师承杨钟健进行古脊椎动物学研究。

刘东生（1917—2008）

在刘院士的头上，闪烁着许多光环，其中最耀眼的是2002年获得的被誉为环境诺贝尔奖的“国际泰勒环境成就奖”和2003年获得的“国家最高科学技术奖”。谈到这些奖项，刘院士表示：“这个奖实际是奖给我的老师、我的前辈的，是他们的研究启发了我，为我的工作铺平了道路；还有许多和我一起工作的同事，他们无论在事业上、在做人上对我都有许多帮助；还要感谢许多年轻人，我的学生，他们不仅做了许多实际工作，而且在学术思想上也给了我许多启迪”。极高的荣誉和特别的谦虚让我对面前的这位老人肃然起敬。听了我问的许多问题，刘院士侃侃而谈。

“学地质能更好地救国”

刘东生院士曾就读于西南联合大学——这是一所传奇性的大学。今天，国人对西南联大的怀念，主要源于这所仅存8年之久的大学在人才培养方面的辉煌成就。“在西南联大，我当初学机械，是因为当时受到了工业救国这一思想的影响。但是，当时工业并不发达，在抗战中基本没有什么工业，就萌发了改学地质的想法。”刘东生背靠沙发，春天和煦的阳光透进窗内，他像一位邻居家的大爷，讲述陈年往事。他说，有三件亲身经历的事情，促成了他对专业选择的转变。“抗战期间，国家需要大批铁矿。在昆明附近，有个易门铁矿。”刘东生院士回忆道，易门铁矿1937年刚刚开采，但当时并不知道易门铁矿的真实储量和开采价值，当地政府就请了西南联大地质系谭锡畴教授前去勘查。谭锡畴是地质界的老前辈，他根据当地的地质构造、矿产类型、矿藏质量、保存状态等，得出的结论是，这是个值得开采的大矿。“我们觉得很神奇。”刘东生说，谭老先生到易门转了一圈，就知道了那儿的矿产储量，决定了当地的命运。“我那时刚从中学毕业，觉得地质研究很神奇，很了不起，这样可以发现自己的资源，这对国家抗战非常有用。”“当时，在昆明有份很有名的报纸叫《益世报》，在这份报纸上我看到了一篇文章《论抗战和乡土研究》，”这文章是我后来的老师、中国古脊椎动物学专家杨钟健写的。文章讲，“只有了解自己的家乡，才能谈得上热爱自己的家乡，热爱家乡才有抗战热情，爱国就是爱自己的家乡。”生活本来就是丰富多彩的，走上哪条生活道路则充满着机遇和偶然性，这篇文章给刘东生启发很大。“家乡的山山水水必须认识它，你通过什么认识呢？那就是地质学。通过地质去认识家乡的美好，山是怎么形成的，水是怎么变化的。年轻时就这么一个挺简单的思维，使我通过这文章萌生了转专业的念头。”云南秀丽的风景使刘东生更是对地质学产生了浓厚的兴趣，于是放弃学习机械，改学地质学。

发生在 1938 年 9 月 28 日的日本对昆明的轰炸，使刘东生真正把自身的兴趣和国家的需求结合了起来。“这是日本飞机第一次轰炸昆明，我们当时躲在西山上看，20 多架飞机从北边飞到昆明上空，炸弹直接投到西南联大的校舍。我们有个姓林的同学，是 9 月 27 日从天津到昆明的，28 日当天躲在宿舍屋檐底下，房顶上的瓦经炸弹震动全部溜了下来，砸到他头上，当场死了。我们班当时好几个同学受了重伤。”“那个时候，我们抗战的心情非常强烈。甚至有些同学觉得，念书有什么用，干脆上前线去。在这种情况下，我就下定决心不学机械了，改学地质，觉得学地质比学机械对自己更加适合，对抗战更加有用。”

今天，当我们回味这三件事的时候，会看到了一位热血青年在民族危亡的时刻，在科学救国的道路上所作出的选择——自身志趣和祖国命运的充分结合。这是一种大敌压境、国难当头的年代，一个青年对自身专业所作出的恰当选择。

黄土高原是一部天书

刘东生 36 岁那年第一次参加黄土高原的研究考察工作，来到了河南省会兴镇（即现在的三门峡市）。一天傍晚，干旱的会兴镇突然下了一场雨，空气格外清新，刘东生和考察组的几名成员出去散步。突然，刘东生发现不远处有一排排整齐的水平方向的灯光。是楼房？这黄土高原上的小镇不会有这么多的楼房吧？那是什么呢？刘东生整整一夜辗转难眠。第二天大清早，他便顺着昨晚光源的方向找了过去。

原来，昨晚刘东生看到的一排排灯光是从当地老乡住的窑洞里发出的。这里的窑洞与城市的楼房一样，一层又一层。刘东生还发现，窑洞的顶都是非常坚硬的，被老乡称为“料姜石”的石灰质结核层，料姜石下是黄土层，黄土层下是红土层。老乡正好用黄土做墙，红土做地。红土下面又是料姜石层、黄土层、红土层，这样的结构沿水平方向延伸得很长。一排排的灯光就是从这些酷似楼房的窑洞散出的。

他去请教土壤学家朱显漠，朱院士告诉他，红土就是古土壤层。这样的结构引起了原来研究古生物的刘东生极大的兴趣：黄土层、红土层、石灰质结核层……刘东生意识到黄土高原是一部天书，它的每一层都有千言万语，述说着大自然的演变。冷暖、干湿，发育成森林，又演变成草原，人类的起源、活动尽在书中。他说："这次发现是一个很重要的转折，要是没有这个认识就不能得出黄土形成250万年的结论。"

青年刘东生体魄健壮、充满朝气

多少年后，刘东生院士已是地质学界的权威人士，读懂"黄土"已成为他倾情一生的事业。他破译了许多密码，演绎出黄土的沧桑。原来风沙弥漫的黄土高原曾是一片美丽的草原，是风沙遮掩了它的美丽，塑造了它的狰狞。风沙暴将我国新疆的沙漠和戈壁沙漠的细粒搬运到黄土高原，最初的时候，黄沙还遮不住草原的绿色，可是尘土越吹越多，越积越厚，再加上持续的干旱和半干旱天气，黄土高原就这样形成了。

刘院士曾做过一次粗略的估算，假如一次沙尘暴能够沉积0.01毫米的尘土，以每年发生十次沙尘暴估算，一年可以沉积0.1毫米，10年沉积1毫米，100年就可沉积1厘米，以此类推，1万年就可以沉积1米，现在黄土高原最厚处有250米，应至少有250万年的历史了。

有点像福尔摩斯探案

知识渊博的刘院士旁征博引，他谈到在周口店发现北京人头盖骨化石一例，根据什么到周口店去找呢？那时因为曾经在周口店发现过一颗牙齿的化石，科学家研究可能是古人类的牙齿。这其中需要人类学、解剖学、生物学等多方面的知识，推断出该牙齿的主人是男是女，大致年龄，大约是哪一时期的人。凭着这样的推断，拟定了在周口店发掘的决定和计划，终于在周口店发现了人类进化史上的一颗名珠——北京人头盖骨化石。

在陕西蓝田发现的古人类的化石，根据黄土的地层，生物学家分析，可以判断这是一百多万年前的古人类，同时发现的动物化石，生物学家分析可能是人类的食物。国外研究记载过一个老年人化石，那些没有牙了，但还能活许多年的人类化石见证了当时已有了社会生活，已有了互相帮助，否则这个人自己是无法存活的。所以地质学、社会学的知识都用到了。

“搞科学有点像福尔摩斯探案，从发现一点点线索推测，到最后真相大白……”刘院士形象地比喻着。

既然黄土高原是“风成”的，而风力有大小，对黄沙有分选作用，地质学家发现，越往南，黄沙越细；越往北，黄沙越粗。水利专家很重视这一发现，比如在治理黄河时，根据下游河床沉淀的是粗沙还是细沙，判断黄河下游淤积的粗沙量最大，再根据黄河两岸的黄土分布规律，找到粗沙源区。治理沙源才是治理黄河的根本办法。

再比如我国东北有茂密的森林，但在黄土高原是培植不出森林的，有的地方想种植大片树木固沙，但发现许多年后，树木仍长不大，当地人叫它们“老头树”。研究黄土地层，发现在十万年以内，黄土高原都不曾有过森林，说明这里不具备森林形成的条件，盲目种树，就会造成莫大的浪费……

谈到沙尘暴，刘院士说从蒙古、戈壁、塔里木、中亚刮起的风，有时将沙吹到 8000 米高度以上。20 世纪 80 年代一次大的沙尘暴，当时北京并没刮风，但从街上回来的人却是一身黄土，黄土就是从高空飘落下来的。风从北边、西边吹来，可以吹到东边的朝鲜、日本，甚至吹到美国西部。1998 年刘院士到夏威夷，美国人说，夏威夷的农业是由亚洲的沙尘暴造就的——因为夏威夷岛是由火山形成的，原来并没有土壤。

谈到北京的沙尘暴，刘院士深感忧虑。北京的沙尘暴一次落下零点零几毫米沙尘，一年有几次沙尘暴，推算下去，一千年、一万年后，北京也将被厚厚的黄土覆盖。我不寒而栗，那时美丽的首都安在？为了中华民族的延续，为了子孙后代的生存，我们确确实实要把环境保护当做大事来抓了。

滔滔不绝，刘院士像掌握着一个取之不尽的智囊，地质及与地质相关的知识尽在其中。就像福尔摩斯一样，真知灼见来源于他丰富的知识底蕴。

雏鹰如何展翅

面对着这位功成名就的老人，那些跃跃欲飞的学生，那些望子成龙的家长们，不禁发问：雏鹰如何展翅？青少年怎样才能走上成才之路？院士想了想，告诉了我几个“诀窍”。

一是勤学好问。很多人天赋高、理解快、记忆好。但如何求得学问？孔子曰“不耻下问”，勤学好问是获得知识非常重要的途径。要不停地学，不断地问。其实，老师是喜欢学生问问题的，认为学生能提出问题是大好事。今天在学校学得的任何一门学科，将来都有用，可能还会有重要的作用。

二是有志者事竟成。不管将来从事什么工作，航天、生物工程、医学都要立志，树立远大的目标。

刘院士原住沈阳，父亲是铁路上的一个小站长，1928 年 6 月 4 日，其父目睹了皇姑屯张作霖的专车被日本人炸后的惨状。“九一八事变”爆发后，少年刘东生随全家背井离乡逃到天津老家，进入了南开中学。在南开中学六年多的时间里，经常听到的是日军机关枪的“砰砰”声，看到的是日军在学校附近演习的灼灼火光，亡国的痛楚深深地刻在他的心中。那时的刘东生暗暗立志，长大不管做什么，都要做出成绩，要为国家强盛起来尽力。

拳拳的爱国心，指引着他的一生，不管做什么工作，他都是全身心地投入，努力做出成绩。

1953 年刘东生参加了治理黄河的工作。黄河在流经山西、陕西、甘肃及青海、内蒙古的小部分地区时，携带了大量的泥沙，大约每年有 16 亿吨的泥沙随着黄河之水滚滚流下，以至黄河下游的泥沙隆起超过两岸的堤坝。当时周总理非常关心黄土高原的水土流失问题，希望科学院对这方面开展研究。科学院组织了由竺可桢院士挂帅，由农、林、牧、副、气象、地质、森林、土壤等多方面人才组成的综合考察队。刘东生参加了这个考察队，才有了前面所说的对黄土的探讨，以及后来的重大发现。

1969 年，刘东生接受了去黄土高原研究克山病的任务。那一年，黄土高原地区爆发了克山病（该病因首先在黑龙江省克山县发现而命名），这是一种地区流行的原发性心肌病，死亡率很高。许多人认为该病与水土有关，当时，刘东生在陕甘地方考察，经研究该病与黄土高原土壤中缺少一些微量元素，特别是硒有关，于是对症下药解决了克山病的流行问题，由此更加深了他对黄土高原研究的必要性的认识。

刘院士总结：国家的需要是我工作的动力，我不是简单地完成任务，而是以任务带科研，几十年来，我一刻也没有放弃对黄土的探索，这应该是成功的诀窍吧！

笔者希望院士给孩子们讲讲童年时代什么印象最深，刘院士脱口而出："好奇！"童年时代的刘东生对大自然充满了好奇心。有时到河里去捉鱼虾，摸螺蛳，有时到地里去抓蚂蚱、逮虫子，他将它们用小桶、小瓶装起来，黄的一组、绿的一组、长的一组、短的一组……如果抓到一个没见过的动物，那真是高兴极了，有一次罐中的小虫突然都死了，他哭得特别伤心。以后，他又迷上了集邮，从邮票中，他开阔了眼界，增长了许多知识。童年时代的好奇使他后来饶有兴趣地走上对大自然的求索之路。

最后，院士深情地讲：年轻人生长在当今时代，我们真是太羡慕了。当年在日本兵的飞机轰炸下，你有什么好愿望也难实现啊！一定让年轻人珍惜自己的时间，我们回过头看，年轻时代很快就过去了。祝愿中关村中学的学生对国家做出更好的成绩，成为祖国的栋梁之才。

刘东生的贡献

刘东生先生从事地球科学研究近七十载，把毕生精力献给了祖国的科学事业。从1954年开始研究黄土，创立了黄土学，带领中国第四纪研究跻身于世界领先行列。从黄土—古土壤系列250万年磁化率曲线与深海沉积氧同位素曲线的比较研究中，提出古气候多回旋说。此外，在环境医学、环境地球化学、环境考古学、高山科考和极地科考等领域做了大量开创性工作，为科学事业作出了卓越贡献，是中国地学界的一面旗帜！

刘东生 院士题词

勤学好问
有志者事竟成
书中关村中学同学共勉
刘东生
2006.3.28

我的地球物理生涯

——记立志为祖国寻找石油的刘光鼎院士

刘光鼎（1929—）

刘光鼎简介

刘光鼎（1929—），祖籍山东蓬莱，生于北京，地球物理与海洋地质学家，中国科学院院士、第三世界科学院院士，被誉为“中国海洋地质之父”。1952 年毕业于北京大学物理系。历任中国科学院地球物理研究所所长，地球物理学报主编，中国地球物理学会理事长，国际大地测量与科学院院士联合会中国委员会主席。多次主持国家重大科研攻关项目。曾获竺可桢野外工作奖、李四光地质科学奖荣誉奖、何梁何利科学与技术进步奖、中国科学院技术进步奖特等奖等重大奖项。

刘光鼎院士身材魁梧，精神矍铄，见到他的人会立刻感受到他那山东人的豪爽与真诚。几十年来他一直奋斗在中国海上石油勘探领域的最前沿，为寻找大矿、富矿，踏遍中国海。他以渊博的知识，强健的体魄，执着的爱国心以及丰硕的科研成果，博得世人的敬仰与爱戴。刘光鼎院士还是诗人，擅长书法。1998 年诗词选《渔樵之歌》问世，字字珠玑，令人叹为观止。

中学时代追求全面发展

童年时代的刘光鼎生活十分坎坷，父亲刘本钊是非常正直的知识分子，抗日战争开始后，他携大姐光裕夫妇去昆明西南联合大学工作，母亲董德玉则携众多子女返回故乡山东蓬莱。母亲深明大义，支持孩子们参加革命。先是送二姐光运去延安参加革命，随后送三姐光荣、四姐光耀在胶东参加八路军，最后又将年仅 12 岁的五姐光礼送到胶东娃娃剧团。

1940 年日寇攻占蓬莱，对抗日家属进行迫害，他们以私通八路为名，逮捕了大哥光斗并严刑毒打，将其摧残致疯，以后下落不明，致使年仅 48 岁的母亲自杀。这样，家破人亡，在生活没有着落的情况下，父亲的友人将六姐光仪送往八路军，姨母收留了十妹光昆，表伯收留了光鼎，而九弟光鼐则流落街头，为人挑水或行乞。

1941 年刘光鼎到表伯家时，已经 9 月，学校都已开学。他在报纸上看到还有兢存中学在招生，于是就考入兢存中学就读。不料，只读了一年，兢存中学倒闭了，于是他又转到成达中学去读二年级。1945 年成达中学也倒闭了，他只好又报考辅仁中学插班到高中一年级，直到 1947 年毕业。

整个中学期间他都住校，他知道学习的机会来之不易，所以十分刻苦，争分夺秒地读书学习，成绩一直名列前茅，屡获奖学金和得到免交学杂费的奖励。同时，他积极参加体育运动，努力锻炼身体，他所在的垒球队和篮球队曾分别获得北京市冠、亚军；他的徒手体操，单双杠均有良好表现；铅球还曾获北京市冠军。抗日战争胜利后，他受到老师王云轩的教育和影响，读了许多中外文艺书籍，也接触到艾思奇的《大众哲学》和其他进步书籍。他追求进步，关心国家大事，热心参加学校的各种活动，积极投入学生运动的洪流中去。

中学期间虽然清贫困苦，但是他的内心坚定而充实，多少年后，总结自己的人生历程，他说：“自己当年不是死读书，而是努力追求全面发展，这使我终身获益，为我毕生以赤子之心，在海洋地质战线上奔波，为祖国寻找石油资源，奠定了思想、身体、知识的基础。”

大学立志为祖国寻找石油

沉思

1947 年，刘光鼎从辅仁中学毕业，考入山东大学并获得物理系奖学金，但是，他到青岛不久即深感政治空气沉闷、闭塞，内心十分压抑。于是一年后返回北京，重新考取了北京大学物理系，并获得奖学金。

为什么刘院士当年一直坚持考物理系呢？他说：“因为我不仅在高中期间喜欢数学、物理并成绩良好，更重要的是希望自己能够从事原子能研究，有朝一日，让自己的国家也拥有原子弹，再不受他国欺负，但是后来在大学的一次实习，改变了我的志愿。1951 年夏天，我参加燃料工业部组织的北大实习队去陕北实习，去四郎庙学习石油地质与钻井技术，又去洛川实习测量与重力，最后，经延安到延长参加中国的第一个地震工作队。这次实习，极大地开阔了我的眼界，提高了思想认识，特别是受到石油总局陈贲总地质师的教育和启发，认识到石油是战略物资，是国家工业的血液，于是一改原来的志愿，下决心为祖国寻找石油。”从此，他与石油结下了不解之缘，开始了应用物理学的理论、方法和技术的研究，为发展地质事业，寻找地下矿产资源而奋斗了一辈子。

千里路万卷书为得油气万斛

欲善其事，必先利其器，伴随寻找石油是终生的学习。1952 年刘光鼎从北大物理系毕业，由国家统一分配到北京地质学院参加建院工作，当时他除担任一些行政工作外，还讲授地震勘探。这是中国第一次设地震勘探课，没有任何中文教材，只能去查外国文献，于是他在傅承义教授的指引下，翻译了大量英、俄文资料，其中包括苏联顾尔维奇的地震勘探，后来顾尔维奇到北京地质学院担任地震勘探专家，刘光鼎任翻译。

这期间，院士最大的体会是，在学生时代要学会读书自学，不是老师教什么，学什么，而是没有老师教，自己也能够读会、读懂。其次，在工作任务压力下学习，虽然紧张一些，但却是极好的机会，只要能坚持下来，就会有极佳的成效。他说：“我非常感谢这段时间的教学工作，使我对地球物理勘探，特别是地震勘探，有了系统、全面的认识，这大约就是教学相长吧！”

1960 年，年仅 29 岁的刘光鼎从苏联里海考察海洋物探后，在北京地质学院海洋物探教研室，开设海洋物探课程，并在塘沽组建地质部第五物探大队，开始了中国海的地球物理调查。1964 年地质部决定在南京成立海洋地质研究所，刘光鼎奉调带领海洋物探教研室全体教师去南京，在那个激情燃烧的年代，人们崇高的信念是“(国家）哪里需要哪安家”，他与地球物理研究室的所有同志不言困难，坚决服从。到达南京后，立即投入地震仪的改装，压电检波器的制作之中，并开展渤海的地震勘探，1965 年，在业治铮教授领导下集体完成的“渤海海底地质构造初步研究报告”被评为国家科委重大成果。

1966 年“文化大革命”开始了，那是一场浩劫，海洋地质地球物理调查工作同样受到严重的干扰。刘光鼎和地球物理室的同志们匆匆结束长江中游的调查工作。他心情十分沉重：作为一名共产党员随时接受党和人民的审查还可接受，但中国海洋地质与地球物理工作刚刚起步即遭挫折实在让人痛心。难能可贵的是，“文化大革命”期间他克服了难以想象的困难，先后写成《海洋地球物理勘探》和《太极拳架与推手》两本书；特别是利用这难得的空闲时间，如饥似渴地阅读了大量资料，写出《海洋底的勘测技术》《大洋洋脊》《海底热流》等多篇论文，“文化大革命”以后由《海洋》杂志陆续刊登出来，这些论文在后来寻找石油资源中起了重要作用。

乐观的刘光鼎认为“在逆境下依然要坚持学习”。“文化大革命”后中国海油气出现了大好势头，海洋地质研究所制定的“查明中国海，进军三大洋，登上南极洲”的奋斗目标终于在 20 世纪 80 年代末期完成。

掀起石油第二次创业的高潮

1974 年上海海洋地质调查局成立，刘院士任副总工程师兼综合研究大队长。在开展黄海地质地球物理调查后，他发现南黄海的油气勘探应着眼于深部的古生物界地层，难度很大，而从地质条件看，则不能局限于南黄海，必须大力开拓东海。于是他和一些科学家向中央力荐，并首先在东海进行区域地球物理调查，集中力量调查位于浙江东部的西湖坳陷，终于在第三系地层中钻探到工业油气流，实现了中国东海油气资源的突破。理想实现了，目标达到了，当“出油了！”的喜讯传来时，刘院士的兴奋、激动真是用言语难以形容啊！

当前，我国石油需求尚有巨大的缺口，但刘院士断定，我国有巨大的油气潜力，他衷心地希望同学们快点长大，在中国油气二次创业中作出贡献。

刘光鼎的贡献

刘光鼎强调地质、地球物理与地球化学综合研究，领导油储地球物理研究并开拓浅层地球物理工程，以进入国民经济主战场。刘光鼎于1958年开创中国海洋地质与地球物理事业。1982年完成“中国海地质构造及含油气研究”，在中国近海大陆架地区发现六大新生代沉积盆地及一系列含油气构造。1986—1993年系统整理30年中国洋地质资料，编制中国海区及邻域地质——地球物理系列图及专著(1)；系列图(1:5m)(2)；图册(1:10m)(3)中国海地质地球物理特征，并探索规律性认识，指出中国海经历了五幕演化史，即前寒武纪陆核形成并向克拉通发展，古生代古陆拼合；而中新生代又经受挤压、改造阶段，板缘聚敛、板内拉张阶段和板缘俯冲、板内沉降阶段。刘光鼎对于中国海进行了长期研究，作出了重大贡献。

刘光鼎 院士题词

一片忠心倾情农业

——中国“农学泰斗”卢良恕院士

卢良恕（1924—）

卢良恕简介

卢良恕（1924—），浙江省湖州市人。小麦育种、栽培，农业与科技发展战略专家，农业、轻纺环境工程学部院士，工程管理学部院士，中国工程院院士，曾任中国工程院副院长、中国农业科学院院长、中国农学会会长、现任中国农学会名誉会长、中国农业专家咨询团主任、国家食物与营养咨询委员会主任等职。卢良恕1953年加入中国共产党，曾任第十二届中共中央候补委员，曾经当选第三届、第五届全国人大代表和中共第十三次全国代表大会代表。

卢良恕被誉为我国“农学泰斗”，他是新中国第一个走遍神州大地的农学家。凡与他相识、与他有过交往或听过他报告的人，无不敬佩他敏捷的思路、惊人的记忆、儒雅的气质、平易近人的风范和对现代农业独特的见解。在中国农业科技界的中上层，几乎没有人不知道他的名字，他就是中国工程院院士卢良恕。

当初在选择人生道路时，万千行业他为什么单单选择农业？他对农业有什么突出贡献？卢院士是这么说的：

一言定前程，终身献农业

1924年秋天，卢良恕出生于上海的一个知识分子家庭，父亲叫卢泽之，早年留学美国，在大学执教多年，并颇趋儒家伦理。“以仁爱之心待人者恕也”，故给他取名良恕；“以仁慈之心待人者惠也”，又给弟弟取名良惠。虽书香门第家庭，家底深厚，但怎奈国难当头，兵荒马乱，尤为不幸的是父亲英年早逝，生活陷入困境。受过高等教育的母亲胡丽安，坚韧刚强，虽长期从事财会工作收入微薄，但她省吃俭用，精心哺育兄弟二人。

卢良恕读完初中后，抗日战争爆发，全家随外祖父离乡背井，颠沛流离到达贵阳，在贵阳清华中学完成高中的学业。当时，目睹祖国的大好河山满目疮痍，半壁江山落入日寇手中，这位热血青年心情十分沉重，立志要振兴中华。当时他和同学们经常上花溪中学后面的大将山，谈论社会上流传的各种各样的救国论。

母亲知道他的志向，就与外祖父商量他和弟弟未来的学业和前途。

卢良恕院士在各地考察

外祖父胡仁源曾任几所大学教授和北京大学校长等职，是我国著名的教育家。“国力衰弱，受人欺凌，国土沦陷，民众受难”，外祖父望着这兄弟俩说：“民以食为天，少不了农业，国要富庶，少不了工业”，他先指着哥哥（卢良恕）说：“你学农吧。”又对弟弟说：“你去学工。”这位在家庭极有威望的外祖父就这样为兄弟俩一言定了前程：一人攻读农学，一人攻读工学。卢良恕一生的道路也就由此而定。

从此，他一生与农业结缘，满腔热忱，从未泯减。他虽然没有惊心动魄的传奇，但他在农业领域取得的成绩却真真正正惠及民众。他热爱祖国、热爱农村、热爱农民、热爱农业，靠着浓浓的“爱农”思想，扎实的功底和长期的辛勤耕耘，解决了一个又一个农业上的难题。

1943—1947 年，他在成都金陵大学农学院农艺系深造，不仅学习成绩优异，还是体育项目和社会活动的活跃分子。当时的系主任、著名玉米专家吴绍骙教授非常赏识这个聪慧踏实、意志坚韧的小伙子。卢良恕刚一毕业，吴教授即大力推荐他到前中央农业实验所麦作系从事小麦研究工作。他学的是农学，研究的是农作物和农业发展战略，用得最多的词是农业、农业科技和农业现代化。他不仅曾在农村蹲点六七年，就是到现在，还年年到农村考察调研。他心里想的、惦记的都是农业、农村和农民，虽然在这个岗位上已经工作了半个多世纪，但对农业依然一往情深。

等闲风餐露宿，选育小麦良种

1949 年新中国成立后，虽然战争的硝烟已经散去，但医治战争的创伤却艰难而沉重。当时由于小麦农家品种自身的低产、感病和易倒伏，严重阻碍了小麦产量的提高。1950 年全国小麦条锈病大发生，产量损失约 60 亿千克，差不多是当时中国人近一个月的口粮。迅速培育抗锈病且早熟的小麦新品种、提高小麦产量，涉及几亿国人的生存，是对新中国的农业发展具有重大意义的现实问题。

卢良恕当年 27 岁，风华正茂，血气方刚，面对全国条锈病如此流行，作为小麦品种研究组的组长，整整几个月食不甘味、夜不成寐，他找到著名小麦育种家梅籍芳教授，表达了一定要育出抗锈小麦新品种的决心。梅教授深受感动，亲自出马挂帅。育种组抽调 10 人，把粮作系的几间旧房粉刷一新，开辟为考种室、挂藏室和实验室，全面开展小麦新品种的选育工作。

凭着卢良恕扎实的理论功底，加之又于 1952 年前往北京参加了苏联专家举办的“米丘林讲习班”，他刻苦钻研，先后对小麦品种的选育工作提出了一系列新的观点：

首先，在育种目标上，他提出小麦的丰产性要同早熟性、抗逆性（抗锈耐寒、抗干热风）相结合；其次，就当地情况，在南京地区的生态条件下，具有半冬性、偏春性或春性。而麦穗分化发育迟的小麦品种可以抗寒，抗锈性选育应主攻抗条锈病兼抗秆锈病。根据他的这些观点，研究小组选用了抗锈性强的美国 Pullmen 品系及“早洋麦”、“胜利麦”等为亲本，很快取得了抗锈性传递力强的效果。

为加快育种进度，卢良恕采取了杂交亲本复合杂交和温室加代等办法。亲本杂交的操作都在 5 月份前后，初夏的南京，烈日当空，紫

卢院士在田间考察

金山上虽然翠薛苍崖、古木参天，但山脚下的麦田却是热浪滚滚。炽热的太阳把路边的小草烤得发蔫。他天天都下田查苗、挂牌、记载、目选。早晨下地时，他长裤长衫，穿戴整齐，而中午回来时，则是汗水淋漓，衣襟上留着斑斑汗渍。

朝出暮归，夏去秋来。到20世界50年代中期，他与同事们已先后选育出了华东1号、3号、4号、6号、8号和10号等8个品种（品系），其中以华东6号最为突出，表现早熟、高抗锈病和丰产等优良性状，成为新中国成立后我国南方较早育成的丰产、抗锈新品种之一，在江苏、安徽等地大面积推广。这方面的研究成果，不仅促进了南方小麦的增产，而且还丰富了小麦遗传育种理论，为加速新品种选育提供了科学依据。

走遍神州大地，真知源于广阔天地

"有人说我是一位出色的农学家，也有人说我是一位出色的农业科技管理专家。其实，我之所以善于分析问题、精于把握全局和熟悉全国生态自然条件，与我博闻广见，深入各地调查研究，了解第一手材料并进行了深入细致的思考和分析是分不开的。"卢良恕院士是这样总结他的成功之道的。

年届耄耋，风采依然

1992年6月，卢院士赴台湾交流归来不足1个月，又匆匆来到了西藏，开始了西藏"一江两河"的考察。在高原地区的近20天里，他详细地考察了雅鲁藏布江的两岸，在此基础上，提出了新规划的建议，并在高原缺氧的条件下作了考察报告，受到各方的重视。这一年他实现了多年未了的夙愿，走遍了中国包括台湾在内的33个省、直辖市与自治区。

1983年他又到甘肃少雨缺水的干旱地

区考察，提出了发展北方旱地农业的指导思想。

1984年8月他率领山区农业发展综合专家考察组赴贵州考察后提出加强农田基本建设，重视坡地改梯田，种草、植树，保护生态环境等意见，得到了省领导的高度重视。

1987年，他在考察海南岛农业后，提出在开发海南岛时，应把自然资源的开发、保护、引进和利用，将经济效益和生态效益、当前利益和长远利益等很好地结合起来，使资源不断再生和更新等意见。

“我想向同学们介绍一下位于四川、云南、贵州三省交界的攀西——六盘水地区，这也是我去得最多的地区。该区域既有三线时期建设成的最大的国家钢铁、有色金属、煤矿、水能、电力基地，又有风光旖旎、气象万千的农作物资源与良好的气候条件，地上地下资源全国罕见。”

“当年毛主席从国家安全考虑，选择这里作为三线重点建设。这里自然资源得天独厚，是我国西部地上地下资源富集的‘聚宝盆’，其富集程度与配套组合程度为世界罕见。该地区水能资源蕴藏量大，富集度高，农业又有得天独厚的气候条件、广阔的土地资源和种类繁多的生物资源，是农林牧渔综合开发不可多得的宝地。加强攀西地区的农业综合开发，为该地区地下资源和水力资源开发提供必要条件，这对满足人民生活需要，加快少数民族地区经济建设步伐，增加四川农业后劲，都具有十分重要的战略意义。特别是该地区农业综合开发，对国家重点建设项目二滩电站、攀钢二期工程等能源、矿山的大规模建设以及安宁河流域的粮食基地的发展，做好农副产品的超前开发，对促进民族团结，改变少数民族地区贫困落后面貌，有着深远的意义。”为此，他热情地向青年人建议，到西部去，那里有展示自己才华的广阔天地。

1991年后，应甘肃、四川、云南、贵州和广西壮族自治区政府的邀请，他又率专家组多次考察云贵川交界的“金三角”资源，云桂黔交界的岩溶地区以及甘肃河西走廊等地区，为国家把这些地区列为重点农业开发地区提供了系统的科学依据。云贵川西南“金三角”资源及“河西走廊”地区均被列为国家“九五”农业综合开发的重点区域，并全面展开了工作。

多年来卢良恕院士一直钟情的“三农”——农业、农村、农民问题，是关系到国计民生的重要问题，农业兴、百业兴，农村稳、天下稳，农民富、国家富。他语重心长地对同学们讲：“我希望同学们都知道农业的重要性，更希望你们中的一些人热爱农业，献身农业，为发展有中国特色的现代农业和农业科技事业贡献自己的全部力量。”

卢良恕的贡献

曾主持选育早熟、抗锈、丰产的“华东6号”等系列小麦优良品种，推动了我国长江中下游地区小麦增产增收。主持完成“中国粮食与经济作物发展综合研究”、“我国中长期食物发展战略研究”、“中国农业现代化的理论道路和模式”等多项重大农业宏观战略课题，其中两项获国家科技进步奖。创造性提出“现代集约持续农业”、“食物安全”、“种植业三元结构”等重要战略观点，在高层次决策咨询中发挥了重要作用。立足区域协调发展，关注沿海发达地区、资源“金三角”、黄土高原、西部贫困地区等区域农业综合开发，取得突出成效。已发表学术论文200多篇，出版主编和专著10余部。曾荣获1998年度“中国工程科技奖”及2001年中国老科协“科技者英奖”。

卢良恕 院士题词

北京市中关村中學

敢于教育創新

培養造就高素質

的一代新人，

卢良恕

二〇〇三年三月

在科研的路上永不停止

——记同步辐射应用专家冼鼎昌院士

冼鼎昌（1935—）

冼 鼎 昌 简 介

冼鼎昌（1935—），理论物理、同步辐射应用学家，中国科学院院士，第三世界科学院院士。1956年毕业于北京大学，后到中科院近代物理研究所做粒子物理的理论研究。1959年赴苏联杜布纳联合核子研究所继续从事粒子理论研究。1964年回国，从回国后的次年直到20世纪80年代初，在层子模型的研究，经典规范场理论研究等方面，均取得可喜成绩，分别获全国科学大会奖等多种奖项。

1984年冼鼎昌转入同步辐射的应用领域，1985年任高能所该项目主任，领导建成北京同步辐射装置，为同步辐射在我国生物大分子结构的研究提供最有效的大型公用平台，冼鼎昌也因此项贡献获国家科技进步奖特等奖。

冼鼎昌曾先后在国内外科学刊物上发表文章200余篇，曾在国内外9所著名院校任客座教授。是全国政协第九、十届委员。

冼鼎昌院士是个传奇式的人物，在他近50岁时才转行研究同步辐射应用，并取得辉煌成就。难得的是，他在艺术方面也情有独钟，有着超乎寻常的爱好与理解，这使他的人生更加绚丽多彩。

以《同步辐射》研究再创人生辉煌

历史上曾出现过四次对人类文明起到革命性推动作用的新光源。第一次是电光源，它使人类战胜了黑暗，让黑夜能像白天一样；第二次是X光源，它把我们的视野扩展到肉眼看不到的物体内部和微观领域；第三次是激光光源，它在工业、信息、国防、医疗和科研等极为广阔的领域中发挥出十分重要的作用；第四次便是同步辐射光源，它已经成为物理学、化学、材料科学、地质科学、医学等众多科学领域中基础研究和应用研究的一种最先进的手段，在工业应用中有着比激光更为广阔的前景。

然而同步辐射在最初发现时，在中国曾被认为是避之不及的“祸害”，因它妨碍建造高能电子加速器。但这只“丑小鸭”在以冼鼎昌教授为首的科学家的努力下，终于变成了一只美丽的天鹅，以极为俊美的姿态展示在世人的面前。

冼鼎昌院士在办公室

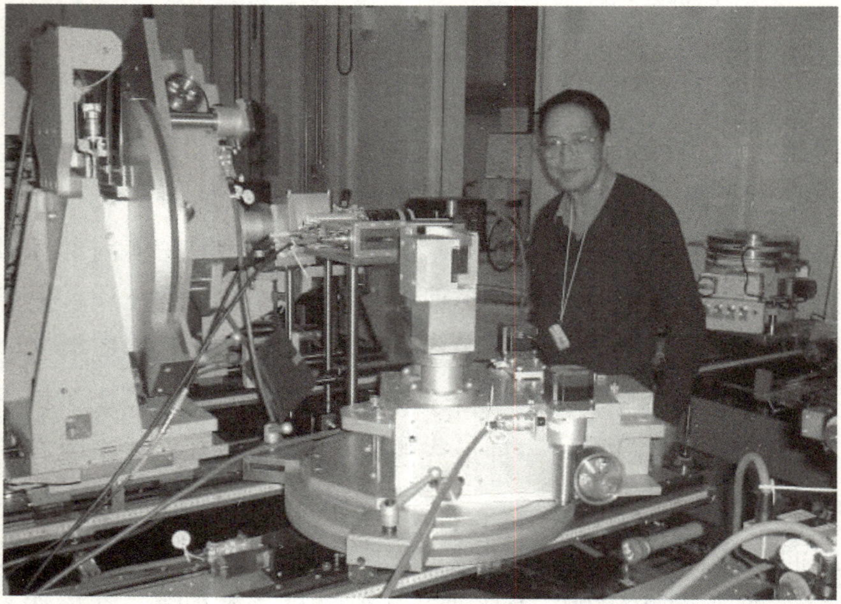

冼鼎昌院士在实验室

1984年，冼鼎昌教授根据需要转入同步辐射应用的领域。冼鼎昌1956年从北京大学毕业，整整28年的时间他一直在理论物理的领域做研究工作，而且颇有建树。现在要转到应用物理的研究岗位，无疑意味着要大改行，要从纯理论研究转到工程项目十分强的项目里去，做前人没有做过的事情，谈何容易？那时冼鼎昌教授已经年近50岁了。接不接受任务，摆在他面前的是艰难的抉择。

他没有马上接受这个任务。他记起小时候父亲给他讲《孟子·梁惠王》里“不能”与“不为”的道理——如果这件事情的难度远远超过自己的能力所及，那是“不能”，可以拒绝，否则，拒绝接受任务就是“不为”。经过两个多月的调研，冼鼎昌教授感到确实是难度太大，但是根据自己的知识基础，经过艰苦求索，是可以“有所为的”。于是，他接受了这个研究项目，1985年夏天，正式担任了高能所同步辐射项目的主任。

上任后，遇到的第一个拦路虎就是“人才奇缺”，同步辐射在我国是个全新的项目，没有可以借鉴的经验。派人出国学习已经来不及了，时间也很紧迫。冼教授拿出的对策就是“学，拼命学，不但自己学，还要让项目组的同事们都学。”他一面学、一面给大家讲课，不但自己讲，还请外单位的专家讲，请国外来访的专家讲，每星期都不间断。有的人不理解，认为工程任务那么忙，哪有那么多的时间和闲心去讲课、听课，但深谙“磨刀不误砍柴工”的冼教授依然胸有成竹地坚持领导学习。几年以后，他们的同步辐射项目研究成功了，同时，一支年轻的骨干队伍也培养出来了，这支青年骨干队伍挑起了建成后实验室开放发展的重任。实践证明狠抓学习和共同提高是成功的前提。

冼教授的另一特点是每一个决策都要有科学根据。有一天，一位工程师来找冼教授，说他向美国签订的矩形钢管合同要取消，改签订截面更大的矩形钢管。理由是他看到一张国外照片，矩形钢管截面比他签订的大。冼教授问他估算过没有，他说不用估算，凭他几十年的经验就知道人家是对的，特别是那位工程师最后说：“拍不拍板在你，出了问题责任不在我！”又一个难题摆在冼鼎昌的面前。这么大的工程如果出了问题，工程师又有言在先，责任真是太大了，但习惯的思维方式提示他：去寻找科学根据，有了科学根据才能立于不败之地。于是他到图书馆查阅有关资料，找到必要的公式和参数，终于用令人信服的数据让那位工程师明白，合同不用改签。

历尽艰辛，终于在1990年同步辐射装置通过了国家验收，中国成为第一个建成同步辐射装置的国家，为此，他获得国家科技进步奖特等奖。同步辐射装置是大科学装置，而且发展十分迅速，后来又经历了三次更新，冼鼎昌又以不断进取的精神，努力使新建造的设备成为国内生物大分子结构研究的最有效的大型公用平台。他又站到了一个新的起点，开始了科学上新的征程。

才华横溢，科学与艺术融于一身

冼鼎昌院士才华横溢，特别在文学和音乐方面尤为突出。他年轻时就可以与大诗人唱诗对和，特别是他那文字优美、底蕴深厚的散文，

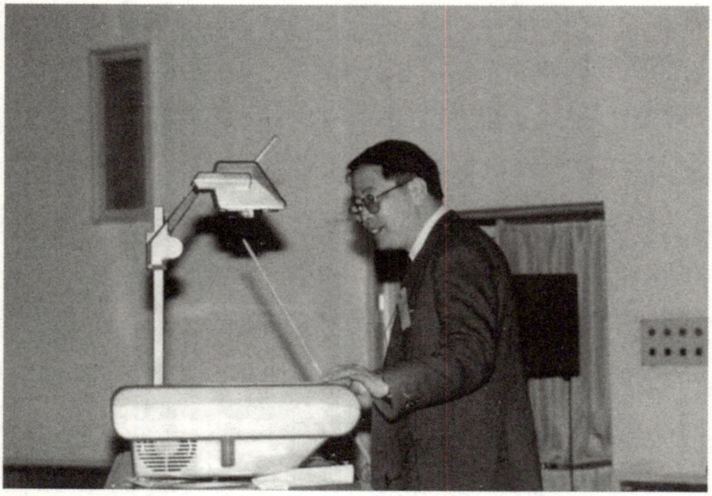

冼鼎昌院士作学术报告

更让人回味无穷，融知识、思辨、智慧于一体，谐而不俗。有一本冼鼎昌院士的文学著作《爱丁堡随想》，里面刊登了《在教堂里听巴赫》《门外美谈》《逝去的琴声》等多篇散文，很值得一读。他还酷爱音乐。他对古今中外音乐家的了解，对乐曲的领悟，实在令人钦佩。曾有记者就音乐题目采访冼鼎昌院士，他如数家珍对答如流，竟让人难猜坐在面前的是音乐家还是科学家。

他在欣赏乐曲时因理解而共鸣。他听大提琴家费尔曼拉的舒伯特 Appregionne 奏鸣曲，从进入音乐的第一声，立即被演奏吸引住，听到第三乐章时，眼泪竟不能控制地流下来。他评价："费尔曼拉演奏的弓法、句法和呼吸十分讲究，这正是音乐所要求的。"

他对莫扎特的评价极高，他说："莫扎特是音乐史上一位空前绝后的天才，他行云流水般的音乐迷倒了许多人。他对音乐题材的应用达到了得心应手、挥洒自如的程度。他的东西听得越多，就越有'此曲只应天上有'之感。""你要理解他的音乐，首先就要听他的歌剧，他的歌剧中各种人物的音乐形象极为丰富。""听莫扎特的乐曲不可不听他的绝笔之作《安魂曲》，一个写了一辈子欢快华丽音乐的人，临死前才向世人敞开心扉……"

有一年他到意大利的米兰，当他第一眼看到米兰大教堂就蓦然产生了一种似曾相识的感觉。这感觉到底从何而来？他边参观边寻思。等走出大教堂，在无垠的苍穹下，再回首那如从崔嵬岩壁中雕刻出的巨型设计，他想起来了：这就是巴赫伟大的《恰空舞曲》，只有那里的可直入云霄的32个变奏组成的对称才会如此严谨。音乐、建筑、雕塑、历史在他的头脑中已经浑然成为一体。在凝固的宏伟建筑中，他体会到气势磅礴的乐章；而在丰富多变的旋律中，他又能幻化出咆哮的大海、喧闹的集市……甚至听到悦耳的鸟鸣，闻到醉人的花香。

音乐伴随着他的生活与科研。在家里，他把每个房间都拉了线，连厨房都安了喇叭，吃饭、做饭时都可以听音乐。他认为："艺术与科学作为人类文明的两个方面，既有相通之处，也有互补之处。"他在科学的殿堂求索，在艺术的园地徜徉，他是一位多才多艺的科学家。

让人羡慕的青少年时代

冼鼎昌于1935年生于广州市的一个医生世家，他的祖父是中医，父母亲都是西医，兄弟姐妹六人，他排行第四。父亲强烈的敬业精神和宽以待人的品质影响了他的一生。从他记事起，印象里的父亲不是在诊所就是去出诊，对病人十分认真负责，人缘极好，只是留给子女的时间太少了。父亲很希望子女长大了像他一样做医生，但只有最小的孩子走上行医的道路。他的父母亲文学修养都很好，对培养孩子的读书习惯有独到的见解。他们对儿女读的书没有加以很多限制，许多"闲书"，如《三国演义》《水浒传》《西游记》《封神榜》《聊斋志异》《红楼梦》等名著，冼鼎昌都是在小学时读的。回忆童年，冼鼎昌说："我很感激我的父母，他们没有规定我要读什么和不要读什么，也没有嘲笑我半懂不懂，囫囵吞枣地去读这些书，而是在培养起我的读书兴趣以后，把选择和思考的空间留给了我。相反的，如果他们像现在一些急于望子成龙的父母一样天天逼着我去读、去背他们指定的书，我一定会避之唯恐不及，读书就不会成为我毕生最大的爱好。"他的父亲对英国殖民者、日本侵略者有着极大的憎恨，极其鄙视奴颜婢膝的洋奴与为虎作伥的汉奸，这些都给幼年的冼鼎昌极大的影响。

1946年冼鼎昌考入广州的培正中学，这是一所相当有特色的教会学校，教师都是极有学问的人。如两位物理老师是交大和浙大的毕业生；英语老师是《大公报》驻伦敦的记者，萧乾的后任。老师好还表现在教学方法好，他们讲课采取启发式，而不是满堂灌。有一次物理小考，有一道选作题初看起来似乎超出课堂讲课的范围，但是冼鼎昌和另一位同学联想学过的方法做出来了，老师把他们的解法在堂上加以评述和比较，说明应当把学过的知识加以引申应用，这种启发他一直铭记在心。在学校里，他不是一个死读书的学生，考试前学生中流行点蜡烛开夜车之风，而且夜读时间越长越为同学们称道，但他不以此为然，他认为学习主要在于掌握好方法、提高效率而不是单纯靠增加时间。他是校图书馆的常客，中学期间阅读了大量的中外小说和历史读物，有古文的、白话文的。后来他发现图书馆里有简写的英文小说和故事，就借来阅读，等读完图书馆的这类藏书，他发觉自己已经可以读一些英语小说原作了。培正中学鼓励学生参加各种各样的课外活动，学校有田径队、篮球队、排球队、游泳队、歌咏队、乐队……还经常召开运动会、开展作文比赛、演讲比赛、野餐比赛等活动。读初一时，他曾在全校作文比赛中得初中组第二名，得第一名的是初三的一位同学。读高中时，他和同学把解放后流行的一些歌曲如《白毛女》选曲等改编成钢琴伴奏的器乐独奏、弦乐三重奏等。这些课余活动实质上是教育的一个重要补充——培养了他的能力。

家庭与学校为他的日后成才提供了良好的环境，父母及老师的良好教育方法启迪了他的智慧，奠定了他的学习基础，培养了他的创新精神，冼鼎昌院士有一个让人羡慕的青少年时代。

冼鼎昌的贡献

20世纪90年代后期，他致力于推动同步辐射在中国生物大分子结构的应用。世界上同步辐射专用于生物大分子结构研究的可行性研究是在80年代初开始的。虽然长期以来，世界各大同步辐射中心生物学用户不是主流，但是情况正在急剧变化。冼鼎昌认识到同步辐射是生物大分子晶体结构研究极为有力的手段，便全力为在北京同步辐射装置上建造专用于生物大分子结构研究的光束线及试验站奔走呼吁。进入21世纪，随着人类基因组测序的基本完成，下一步就是弄清基因的全部产物的结构及功能，这将是进一步了解生命系统的关键一步。蛋白质的功能取决于它的结构，因此蛋白质三维结构的测定是结构基因组学研究中最重要的工作之一，科学家首先要面对的是空前大量的蛋白质结构的分析。

冼鼎昌 院士题词

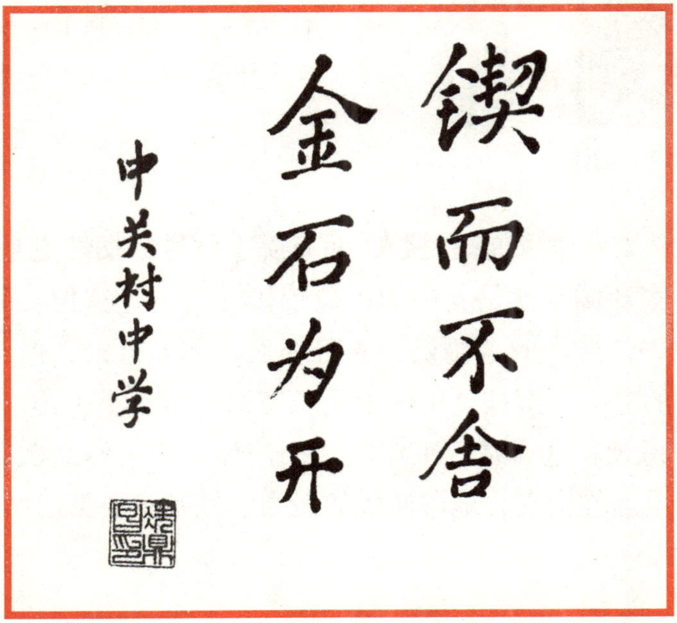

要证明女子也可以比男子强

——记系统真菌学家郑儒永院士

郑儒永（1931—）

郑儒永简介

郑儒永（1931—），系统真菌学家。中国科学院微生物研究所研究员，中国科学院院士。原籍广东省潮阳县，出生于香港。1949年毕业于广州真光女子中学，同年保送广州岭南大学，选读农学院植物病理系，1953年毕业于华南农业大学植物保护系植物病理专业，毕业后分配到中国科学院微生物研究所。1986年起任研究员。1983年被评为全国“三八红旗手”，1990年起任博士生导师，1992年起享受政府特殊津贴，1999年被选为中国科学院院士。

在我国，女科学家屈指可数，而有院士称号的女性更是凤毛麟角。系统真菌学家郑儒永就是其中的一位佼佼者。走近这位女强人，第一印象是很像一位慈祥的老奶奶，衣着朴素，和蔼可亲，但当你知道这位年逾古稀的老人，脊柱是用两根钢条支撑，钢条是由10个钢钉固定在脊柱上，每天就这样站着工作时，相信你不禁肃然起敬，而且惊异得目瞪口呆了。你会真心地敬佩她的毅力、她献身科学的精神。

科学路上苦苦求索 真菌学领域树权威

同学们听说过真菌吗？真菌与细菌有着本质的区别。真菌是真核生物，而细菌是原核生物，真菌较细菌的进化地位高得多。其实，大家对真菌也不生疏。真菌在自然界中分布极广，据较新的估计并为大多数真菌学家接受的真菌种数是150万种左右。很多真菌对人类是有益的，如面粉发酵，做酱油、醋、酒和臭豆腐等都要用真菌来发酵。工业上许多酶制剂、农业上的饲料发酵都离不开真菌。许多真菌还可食用，如蘑菇、银耳、香菇、木耳等。真菌还是医药事业中的宝贵资源，有的可以用于生产抗生素和维生素以及酶类；有的本身就可以入药用于医治疾病，如中药马勃、茯苓、冬虫夏草等。但也有一些真菌能引起人或动物、植物感染多种疾病。所以，研究真菌，扬利除弊，就是科学工作者的目标。

郑院士出生于香港，1949年新中国成立，出于对祖国的热爱和早日报效祖国，她放弃了父母为她提供的出国深造的机会，中学毕业后

郑儒永院士夫妇

被保送到广州岭南大学农学院植物病理系学习。1952年因院系调整转入华南农业大学植物保护系植物病理专业，于1953年毕业。毕业后被分配到中国科学院微生物研究所，在导师戴芳澜院士的指导下，开始了真菌学的研究工作。她毕生致力于真菌分类系统的合理化与完善的研究，这一干就是50多年。郑院士主要研究真菌中的“白粉菌目”和“毛霉目”等类群，取得了丰硕的成果。

白粉菌是有害的真菌，它们可以寄生在农、林等许许多多种野生和栽培植物上，给很多经济作物带来危害。以我国为例，较普遍和严重的白粉病有长江流域的麦类和向日葵白粉病，西北地区的苹果和瓜类白粉病，华南和西南的橡胶树白粉病以及北京西山的黄栌白粉病等。白粉菌给人类带来的危害真大啊！要攻克白粉菌，首先应弄清它们的种类，但在分类上国际间尚无一致的意见。郑院士对国内外的许多种白粉菌进行了研究，澄清和订正了许多国际上有争议的问题，提出了较为合理的分类系统。此系统已被国内外有关学术界广泛接受和引用，对全世界的同类研究有积极影响。郑院士还与同事们合作写出了我国第一本真菌志《中国真菌志·第一卷·白粉菌目》。

毛霉目的菌类多是有应用价值的重要经济真菌，仅以根霉这一小类群为例，它所产生的代谢产物包括各种各样的酶、有机酸、氨基酸、微生物、生长刺激素、生物碱等，可广泛应用于食品、医药、纺织等多种工业，我国的名酒茅台酒就是主要以根霉发酵酿造的。另一方面，少数毛霉目的菌类害处也很大，例如可以引致水果蔬菜的腐烂以及粮食的霉坏变质等。更为严重的是在人、畜免疫力低下时还能引起人畜的各种五官疾病、内脏疾病、呼吸道感染、脑神经系统破坏以及大牲畜的流产症等。

毛霉目同样未建立起一个令人满意的分类系统，给毛霉目的利用和防治带来困难。郑院士和她的研究组经过多年的摸索研究，根据新想法、采用新方法到传统的经典分类中，解决了许多过去遗留下来的问题，并正在逐步建立起一个较为进步的分类系统。真菌与国计民生的关系太密切了，它们的种数又是如此之多，需要几代科学家去认识它们、研究它们、利用它们、制服它们，郑院士为了这个默默地奉献着自己的一生。

科学家光环的后面，是难以描述的艰辛。为了节省一分一秒用于研究工作，她废寝忘食，放弃了无数节假日，甚至农历大年初一，人们也会在实验室里看到她的身影。她晚结婚、不要小孩，执著地在这微观世界中探讨，在造福人类的系统工程里辛勤地工作着。

如今，郑院士在真菌学研究领域中已作出了卓越的贡献。她参与创办了新中国成立后的各种重要真菌学术组织、研究机构及刊物，参加了各种有关书籍的编著工作。她热心地帮助研究所内外青年，她培养的硕士、博士、博士后研究生正在科研中发挥着重要作用。她在国内外发表论文 67 篇、著书 7 本。无论在发展我国真菌学事业方面，还是在促进国际交流合作方面，郑院士都尽自己所能起了应有的作用。

学生和同事眼中的郑院士

刘小勇是郑院士的学生，他说：郑老师慈祥和蔼，连家里的事，看报的感想都想和老师交流。学术上有问题请教郑老师，老师总是认真地给予指教，其他老师的学生也乐于向她请教，她同样毫无保留地提供帮助。在她做大手术的前一天晚上，还在审阅学生的论文。

刘小勇忘不了刚来到所里时，骑车不小心将一辆小卧车刮了一道痕迹，人家不依不饶。那时，小勇刚参加工作手头很紧，郑老师拿出自己的积蓄替他解了围。郑院士爱帮助人在所里是出了名的，在那个低工资的年代，很多人都向她借过钱，其实她

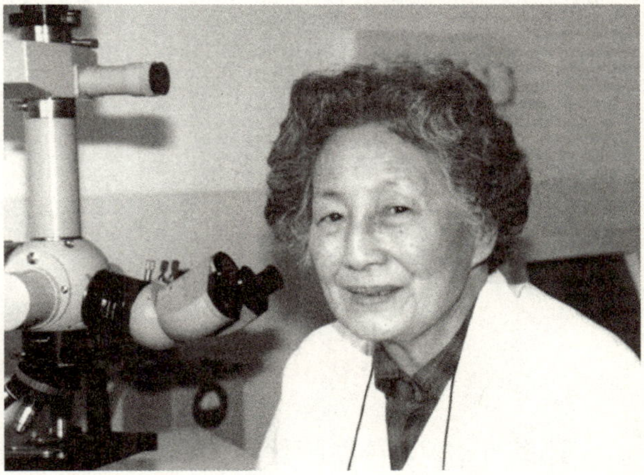

正在实验室工作的郑儒永院士

自己的生活非常节俭，家务自己干，不肯请人帮助，但看到别人有困难，她总是热心相助。曾有学生遇到孩子上学、户口问题，甚至爱人车祸问题，她都关心，并给予力所能及的帮助。

刘小勇赞叹郑老师严谨的、一丝不苟的科研精神。“现在，社会上有一种浮夸、不负责任的风气，但郑老师相反。她写文章一定是自己研究出成果，有体会了，融会贯通了，才亲自动笔写。他负责的课题一定事必躬亲，其实许多具体工作可以让学生干、助手干，但他要掌握第一手材料，亲自实践。一个问题，一定要做深做透，才出文章。”“她写文章保质量，带学生更是保质量。她对每一位学生负责。”

刘小勇最佩服郑老师的毅力和献身精神。“她长期骨质疏松，致使5节腰椎错位，椎腔变小。做手术将椎腔内增生的骨质挖空，再用两个支架支起来。做这样大的手术我们都劝郑老师多休息，但她却说做手术时耽误了工作，一定要补回来，术后3个月就坚持上班。为了不增加对脊柱的压力，只能站着工作，于是，院士的桌子、显微镜都加高了一层。而要用显微镜照相，就得登上凳子，真让人担心啊！”

和郑院士一起工作30余年的陈老师由衷地赞颂：“郑先生在我们研究所威望最高，因为她正派、办事公道、乐于助人。尽管她已是院士了，可是她没架子，在她心目中人没有高低贵贱之分，对临时工也一样关心。”“她工作追求完美，干得最多、最好，但稿酬总是和大家平分，从不多要，我们都觉得不好意思。”“我们组为别人鉴定菌种，本可以收费，但她都不收费或少收费，偶尔有人过意不去，送点东西或寄点钱，她一定要退回去。”

在学生与同事的心目中，郑院士是一位德高望重、德才兼备，让人心悦诚服的科学家。

良好的家庭教育成就未来

郑院士出身书香门第，父亲曾在北大教书，后转到银行工作。母亲是第一届北京女子师范大学毕业生，深谙教育。兄弟姐妹共九人，郑儒永排行第八。家庭教育非常严格，也非常民主。这是一个典型的知识分子家庭，家中将读书看得非常重，从小教育他们将来要做好事，就得有学问，而要学好知识必须尊师。孩子们个个争气，在班上学习都名列前茅，对老师、对长辈有礼貌，经常受到老师的表扬，而郑儒永更是突出，从小学到大学，所有的考试都是第一名。学习靠孩子们自觉，父母不给孩子施加压力，也不赞成死读书。当时香港流行请家教，但郑家从来不请，双休日可以痛痛快快地玩儿，这又让很多孩子羡慕。

父母亲教育孩子要懂得节俭，学会劳动。父亲作为香港中国银行经理，工资是比较高的，但家庭一直奉行勤俭持家的原则。母亲不像许多香港太太那样，整天沉醉于打麻将，而是处处给孩子们做榜样，衣服都是自己做，所以郑院士从小学会了做衣服、织毛衣。虽然有保姆协助家务，但母亲要求，自己能做的事就要自己动手。

院士赠送给笔者的新年贺卡

父母亲教育孩子要团结友爱、互相谦让。哥哥姐姐关照弟弟妹妹，弟弟妹妹尊重哥哥姐姐，家庭气氛欢乐融合。郑院士还记得小时候特别想弹钢琴，想让父母给买一架钢琴，但一直不敢提出来。并不想学钢琴的哥哥姐姐都去求父母："给妹妹买吧，多少年内，我们什么都不要。"为此，母亲开了一个家庭会议，会上兄弟姐妹个个支持，后来，母亲真的为她买了钢琴，这件事，让院士感动一生。

父母亲教育子女要爱国。日本帝国主义占领香港后，搞所谓的"大东亚共荣"，将父亲等社会名流软禁起来。父亲坚决不与日本人合作，坚持让母亲将孩子们带到内地，直到抗战胜利后，父亲才将妻小接回香港。现在，院士有时对学生讲："有机会出国学习当然好，没

儿童时代的郑儒永

有机会也不一定非要到国外学习不可，在国内一样可以学好。”她自己就是国内培养，享誉海外的典范。这也许与她浓浓的爱国情怀和善于自学相关吧！

家庭是孩子的第一课堂，父母是第一任老师。良好的家庭教育为院士的日后成才打下了基础。

对年轻一代的希望

郑院士对年轻一代科学家寄托了很大期望。她将自己一生的感悟总结出来，希望能对年轻学子有所启迪。

首先，大学毕业后的前五年非常重要，是打好基础，练好基本功，培养好良好的工作态度和习惯以及决定自己的研究方向的预备阶段；五年后就应该大大提高一步，独立做好本职工作，出成果，逐年更上一层楼。

第二，到一个岗位选定方向之后要先适应。要热爱自己的工作，要对工作有浓厚的兴趣，即使最初没有兴趣也要努力培养出兴趣来。要相信兴趣是可以培养的。只要对工作有责任感，愿意把工作做好，就一定能够培养出兴趣来。

第三，业精于勤、持之以恒是千古适用的治学格言。一旦确定下方向之后就应该投入，不要轻易调换专业，这样无形中浪费了很多时间，到头来收获甚微。我们代表的是科学院的水平，要时时以此激励自己。虽然成果大小也受机遇等因素影响，但是，工作做得越多，积累得越多，机遇才会越多。机遇不会眷顾止步不前的人。作为科研人员，一线工作尽量自己做，即使是已经带学生的院士也应该同时参加研究，这样也利于把关。

第四，一个良好的科研团队才能做出出色的工作。作为团队领导者的导师应该用情来带学生，让大家感到课题组就是家。组员之间要相互体谅、帮助，偶尔出现摩擦应该互相宽容对待，学会换位思考，不让矛盾影响情绪。自己也要学会自我释放，工作时不要太压抑，不要过分计较得失，排除干扰，专心搞好研究工作。

此外，郑院士还提到，科研工作是一项崇高的职业，个人是要有所牺牲才能有所收获的。贪图享受、重视名利很难有所作为。她特别强调，作为科学院的科研人员，尤其要爱国。老一辈科学家如戴芳澜先生、邓叔群先生、方心芳先生等都是在祖国最需要的时候放弃海外的安逸生活投身到祖国建设中的。关于留学深造，郑院士提倡大家留学深造后回来报效祖国，不要因盲目的崇洋而留学。即使没有出国留学的机会和经历也要对自己有信心，在国内一样可以做出国际一流的工作。要有勇于挑战困难的决心，通过自己努力做到最好。

郑儒永的贡献

郑儒永一直致力于真菌分类系统的合理化与完善，对白粉菌目全世界所有属的有性型、无性型特征进行了研究，1985 年发表的白粉菌属级分类系统一直为国际权威刊物《子囊菌系统》采用。在种和种下级分类中纠正了过去长期存在的大种倾向和寄主范围过大的不合理现象。对变异性大、交叉性状多因而分类难度很大的毛霉目进行形态结合分子系统学研究，并开创了无性型结合有性型特征的系统分类，解决了一些有争议属种的分类归属。在国际上首次发现了高等植物中的内生毛霉和首次报道了我国特有的人体病原毛霉新种和新变种。

郑儒永 院士题词

与中关村中学同学共勉：

勤奋学习，增长知识。
打好基础，开拓眼界。
友爱和谐，精诚团结。
坚定立场，服务社会。

郑儒永 2005年4月

汉字印刷术的第二次发明

——记“当代毕昇”的王选院士

王 选 简 介

王选(1937—2006)出生于上海,1958年毕业于北大数学系并留校在无线电系任教。1975年投入到“汉字精密照排系统”项目的研究中。1985—1993年,他又先后主持研制成功并推出了华光Ⅱ型到方正93系统共五代产品,以及方正彩色出版系统,1993年当选第三世界科学院院士,1994年当选中国工程院院士。1994年出任电子出版新技术国家工程研究中心主任,北大方正技术研究院院长,方正控股有限公司董事局主席、首席科技顾问,中国科协副主席等职。1995年起担任九三学社中央副主席。2003年当选为第十届全国政协副主席。

王选(1937—2006)

现在，连小孩子也会轻松地敲击键盘用电脑写作业了，但在20世纪70年代，这在我国还是不可思议的事。那时在美国等西方国家，计算机技术的发展突飞猛进，要跟上世界信息化发展的步伐，一个最大的技术难关就是计算机的汉字输入和输出问题，也就是汉字的信息处理问题。

王选用他睿智的头脑思考：如果解决了这个问题，再让计算机与相应的光学、机械技术结合起来，对中文信息进行输入、编辑、排版、输出及印刷，也就是用现代科技对我国传统印刷行业进行彻底改造，其价值和前景将不可估量啊！也许，当时连他自己也没有预料到，他的这一想法所引起的改造印刷行业的巨大风暴，席卷了我国，影响了世界，掀起了一场印刷业的技术革命。

但是，理想的实现谈何容易？等待他的是难以想象的困难和付出艰苦卓绝的努力。

告别铅与火　迎来光与电

印刷术是中国古代引为自豪的四大发明之一。11世纪中期，北宋的毕昇发明了活字印刷术，当时是烧泥刻字，后人又搞了木字、铜字、铅字，比起雕版印刷来，这无疑是一次飞跃。但是，直到20世纪70年代，中国仍是“以火融铅，以铅铸字，用铅字排版，以版印刷”，不但污染环境，而且出版印刷能力极低，一般图书从发稿到出书要一年，甚至两三年。当时的铅排车间立着一排排黑乎乎的铅字架，工人将一个个铅字从架子上拣出来，按顺序码成文章，放到铁案上拼成大样，一块拼好的版死沉死沉的足有好几十斤。这种车间又黑又脏，又有铅污染。工人更是苦不堪言，下班后用刷子及去污粉都刷不净指甲缝里的油墨……

如果这一切都用电脑，轻松地敲击键盘，就能将中文信息输入、排版、印刷，那该是多么令人神往啊！难以置信的是，王选当时只是北大的一名普通教师，在选择这一科研项目时完全是自发的，他是凭自己的科学预见能力，透过时光隧道，看到了它明媚的前景。他的决心下了，用今天的话说，就是决心“用高科技改变传统行业，用知识改变命运。”

王选开始了艰难跋涉的第一步——看资料，把国内、国际上在照排系统方面的研究现状和发展动向了解清楚。北大图书馆的资料不够用了，他经常要到位于和平街的中国科技情报所查外文资料。那时坐公交车从家到情报所车费是2角5分，但王选每月只领40多元的劳保

王选院士指导学生

工资。为了省5分钱，王选一般少坐一站，步行走到情报所。

从资料中他了解到西方人早在30年前就开始了用照排机取代铅字的研究，美国人研制过，德国人研制过，日本人研制过，但他们都有不完善的地方，尤其不能解决汉字照排问题。国内也有5家攻关班子研究这个题目，同样也无法攻克技术难关，最大的难关是汉字太多。英文字母只有26个，而汉字呢？《康熙字典》收入的汉字多达四万七千多个，常用字就有五六千个，另外，印刷用的汉字更存在多种字体，有宋体、仿宋、楷体等十余种，还有十多种大小不同的字号，如用数字信息表示，信息量则达上千亿字节。30年来，横亘在中外科学家面前的正是这座难以逾越的高山。

王选不仅有深厚的数学底蕴，而且有科学的思维方式，他想到"另辟蹊径"，想到设法压缩汉字信息。他寻找汉字的规律，他发现每个汉字都可以细分成横、竖、折等规则笔画和撇、捺、点等不规则笔画。对于规则笔画可以用一系列参数精确表示，对于不规则笔画则可以用轮廓表示。于是，他投身于对汉字的分析中，经过多少个废寝忘食的日夜，他终于总结出用轮廓加参数的数学方法描述汉字字型，这样可以使汉字信息以 1∶500 的比率高倍压缩，达到当时世界最高水平，比西方早了近 10 年。

把汉字字形信息压缩后存入计算机，还必须将其快速还原和输出。如果用当时的计算机软件实现压缩信息的还原，1 秒钟大约能还原几个汉字。王选经过刻苦钻研，最终设计出一种超大规模专用芯片，使还原速度上升到每秒 710 字，达到当时汉字输出的世界最快速度。

从 1976 年到 1993 年，王选先后主持设计并实现了六代汉字激光照排控制器，使我国的电子出版技术处于世界先进水平，共获得 8 项中国专利，1 项欧洲专利，并被授予首届中国专利发明金奖。

如今，王选的理想实现了。在电脑激光照排车间，工作人员灵活地敲击着键盘，屏幕上出现的图像与版样一样，文字可添、可删、可挪动，用什么字体，什么字号只要用鼠标轻轻一点，漂亮清晰的版样就出现在屏幕上，再输入激光照排主机，一张和报纸一样的大样就出来了。印刷业“告别了铅与火，迎来了光和电”。这是多么了不起的进步，这真真正正是继毕昇发明活字印刷术后，我国印刷业的第二次革命。

认准目标就要狂热追求

《中国青年》记者在采访王选时问：作为科技带头人，您的人生目标是什么？他回答：看准了目标，狂热地追求，永不回头。法国作家莫泊桑说过“一个献身于科学的人就没有权利再像普通人那样生活”，王选就是这样“不能像普通人那样生活”的人。从 1975 年到 1993 年，18 年间他没有一天休息过，没有寒暑假，没有春节，没有星期天。当人们欢庆“告别铅与火”时，王选又在琢磨新的问题，即激光照排系统一旦市场饱和，该如何进一步发展才不会萎缩？要大规模进入海外中文市场，需要进行哪些完善和创新？王选又瞄上了新的目标。

从 1990—1994 年，王选率领他的团队不断创新技术，又引发了我国报业和印刷业的三次技术跨越。一次是改变了以前用航空或传真的

王选院士在专心致志钻研

手段传版的办法。过去，全国性的报纸需要异地印刷时，传版有两种方法：航空运送或传真。航空运送往往时间太长，当地看不到当天的报纸，而传真又往往失真。王选充分启动他的数学头脑，他提议，如果不是传送版面，而是传送页面描述语言，速度会大大加快。把页面上的文字、图形、照片等各种元素通过数学方法转换成数据，其信息量就能压缩到几十分之一。传到异地以后，再用同一系统解释页面信息，恢复原版面。王选的这一理想又实现了，这一新技术物美价廉，很快在国内推广起来，到 1992 年底，《人民日报》已通过卫星向全国 22 个城市传送版面，传输速度缩短到平均两分钟传完一版。从此，全国大多数地区都在同一天看上了《人民日报》。

数学和汉字，这两种不同意义的学科和符号，被王选和谐、紧密地结合起来，一系列世界首创的神奇发明诞生了。

第二次是掀起彩色旋风。1989 年以前，我国只有几家大报能够在逢年过节时出彩报，使用的全是进口电子分色机，不但价格昂贵，而且没有排字功能，效率也低。王选决定不去仿制电子分色机，而是直接研究文图合一的彩色出版系统，使中国印刷业告别了进口电子分色机，用开放式的桌面彩色出版系统取代，实现了又一次技术跨越，从此，读者可以充分地享受彩色报刊和书籍了。

第三次是规划和组织研制新闻采编流程计算机管理系统，使报社实现网络化生产与管理，让我国融入国际开放潮流。

值得一提的是，在引领新技术开发的同时，王选把更多的青年才俊推到第一线，帮助他们建功立业。他高度评价这些才华横溢的年轻人，他说：“这个行业竞争非常激烈，年轻人绝对有优势，在计算机

周培源教授与王选倾心交谈

界很少有 45 岁后创业成功的。”他关心青年，爱护青年，青年们都亲切地称他为“王老师”。

1991 年王选将多年来获得的 30 万元奖金捐献给北大数学学院，设立“周培源数学奖学金”，以奖励在教学和科研中作出贡献的青年教师，却没有用“王选”命名。以后又再次把自己获得的国家科学技术奖和北大奖励的科研资金共 900 万元，合二为一，设立“科技创新基金”，以全力支持年轻一代攀登新的科技高峰。

少年王选

王选小时候就读于上海南洋模范小学和南洋模范中学，还是五年级的时候，一次，教导主任陈老师宣布：“同学们，今天我们进行一项评选活动，选一名品德好、大家最喜欢的同学。”王选以压倒多数的高票获得了这项荣誉。10 岁的王选当时没有把这个奖当回事，也没告诉父母。直到数十年后，他才意识到这一荣誉对自己的重要。经验告诉他，一个人要想有所成就，首先要做个好人。他说：“青少年时代就应努力按好人标准培养，这是德育的重要内容，只有先成为好人，才能做有益于国家、有益于人民的好事。”

1948年王选以班上第二名的成绩从小学毕业，被保送升入南洋模范初中。

王选幼时与家人合影

南洋模范初中位于上海郊区的七宝镇，环境清雅秀丽。但学校生活条件不太好，没有电，晚上自习点煤油灯。几十个学生挤在一间大屋子里，不论寒暑，每天清晨要集体出操，伙食也较差。但王选在这里生活得十分愉快，课余经常踢足球、玩捉迷藏。镇上一些国民党军队留下的碉堡成了最好的“隐身所”。王选比较合群，经常出些点子，大家都喜欢他。这种学生时代养成的集体意识，为他以后发扬团队精神，攻克一个又一个技术难关，奠定了品德基础。

王选的老师都是优秀的，因此，他觉得在南模初中上课完全是一种享受。到了初三，他除了保持对各科功课的兴趣外，开始偏爱起数学来，这在很大程度上受年过花甲的刘叔安老师的影响。刘老师讲课生动有趣，轻松愉快地教会同学们很多知识，也启发了学生的学习兴趣。在他的引导下，王选仿佛踏进了奥妙无穷的宫殿，一下子对数学着了迷。到后来老师的教学进度已不能满足他，他便自学新的内容，那一年学期中，他便把全学期的习题全部做完了。

少年王选

从某种意义上讲，数学成就了他未来的事业。

王选的贡献

王选院士主持研制的汉字激光照排系统，使汉字印刷术“告别铅与火，迎来光与电”，实现了中国印刷技术的第二次革命，他被称为“当代毕昇”。20 纪 80 年代起，他就致力于科研成果的商品化。90 年代初，他带领队伍针对市场需要不断开拓创新，先后研制成功以页面描述语言为基础的远程传版新技术、开放式彩色桌面出版系统、新闻采编流程计算机管理系统，引发报业和印刷业三次技术革新，使得汉字激光照排技术占领 99%的国内报业市场以及 80%的海外华文报业市场。他积极倡导产学研结合，在北大方正集团中建立起从中远期研究、开发、生产、系统测试、销售、培训和售后服务的一条龙体制，还力主由北大计算机研究所与北大方正集团共同成立方正技术研究院，走出了一条科研成果产业化的成功道路。

王选院士题词

创新精神与团队精神相结合

写给北京市中关村中学

王选

2003.8.29

用梅花精神办梅花事业

——梅花院士陈俊愉

陈俊愉简介

陈俊愉（1917—2012），中国工程院院士，现任北京林业大学教授兼名花研究室主任，中国园艺学会常务理事、中国花卉协会梅花腊梅分会会长、国际园艺学会国际梅品种登录权威等。自1959年起，共培养研究生30余人。在花卉理论领域著述颇丰，已发表、出版论文200余篇、专著16本。同时系统研究名花，如梅花、菊花、金茶花，取得了硕果。

陈俊愉（1917—2012）

“当年走马锦城西，曾为梅花醉似泥。二十里中香不断，青羊宫到浣花西。”这是宋代大诗人陆游写下的脍炙人口的诗句。赏梅至“醉似泥”的程度，应算是“梅痴”了吧！现在，我要向你们介绍的是当代“梅痴”——中国工程院资深院士陈俊愉。如今，经他培育的梅花已开遍大江南北，并且走出国门，蜚声海外。他也因梅花研究的丰硕成果而被公认为“梅花泰斗”，国际园艺学会任命他为我国第一位植物品种国际登录权威。

新中国最早的“海龟”

早在少年时代，他就很喜欢南京自家院子里的花卉。在金陵大学学园艺是他的兴趣所在。1940 年，陈俊愉于金陵大学园艺系大学毕业后继续留校读硕士研究生。1942 年，他偶尔看到我国著名园艺专家、时任重庆中央大学教授曾勉先生的一篇英文论文的小册子《梅花，中国的国花》，书中优美的文字和丰富的内容深深吸引着他，于是他壮着胆量写信给曾先生，曾先生见陈俊愉如此好学，即回信并附赠他索要的文献。拜得名师后，陈俊愉对梅花产生了更为浓厚的兴趣，梅花那种朴素无华清淡雅致的品格在他心里悄悄地扎了根。?他特别喜欢陆游的一首诗：

当年走马锦城西，曾为梅花醉似泥。
二十里中香不断，青羊宫到浣花溪。

1943 年，陈先生正是沿着当年陆游走过的梅花飘香之路，吟咏着诗人陆游的诗句，和老师一起调查成都的梅花……1946 年，29 岁的陈俊愉成为复旦大学的副教授。这一年，他获得政府选派的出国学习的机会。1947 年 7 月，陈俊愉远赴丹麦哥本哈根农业大学园艺系研究部攻读科学硕士学位。在丹麦留学的日子里，陈俊愉积极进取，时常听到祖国母亲的召唤，“为中华崛起而读书”的信念，引领着他不懈努力。是啊，心存梦想，你就会获得源源不断的动力和充足的发展空间。他坚信祖国才是自己施展才华的大舞台。临近毕业，他的心儿早已飞回了祖国。他谢绝了许多单位的高薪聘请，论文答辩结束后一周，连毕业典礼都未参加，就带着妻子和年幼的女儿，克服重重困难，绕道香港回到祖国的怀抱。陈先生是新中国最早的“海归”。

让种子学习自己来克服环境困难

1910 年代，陈俊愉出生在新疆布政使的老宅里，刚一落地就被按进水盆，粗糙的洗衣皂贴着皮肤不断摩擦，疼得他嗷嗷叫。陈俊愉说，他的家族要大过巴金小说里的“家”，统辖 60 多口人，所有规矩来自曾祖母——一个地地道道的安徽农妇。规矩之一，长房长孙绝对不能够娇生惯养。“一天之内要洗 3 个澡，用洗衣皂使劲地搓，连续洗了半个多月。”

长大了的他，很容易由幼年时期独特的教育联想到公元前 8 世纪斯巴达人的武士培育：那些从婴孩期就开始的烈酒擦洗、格斗、鞭笞。使今后陈俊愉人生信奉这种严苛的历练，并移用在了梅花育种上，他说：“我和梅花种子都是斯巴达教育的结果。”因此，在梅花的培育上他提出“抗性育种”，就是“让种子学习自己来克服环境困难”，就是“把土壤、水分、温度各个方面的条件都限制住，让梅花在一个半死不活的状态下生长”，这就是他用在花卉上的斯巴达教育。

他用这一套古怪理论去挑战“南梅北移”的难关。陈俊愉的大计划分成三步。第一步，1957 年，他在北京林业大学和北京植物园种下成千上万株命运未卜的种子，做露地越冬实验。1964 年，“北京小梅”和“北京玉蝶”两个品种在零下 19℃神奇地开放了。第二步，2001 年，他又通过杂交或直接引种，把“燕杏”“丰后”“送春”等 10 个梅花品种送到塞外、关外。5 年前，赤峰、沈阳、长春、包头、延安、兰州等地的种子陆陆续续开花。那时，陈俊愉已经掌握着 22 个抗寒梅花品种。第三步，当有花开在了西北的乌鲁木齐和东北的大庆时，陈俊愉知道，“成了！”“抗性种子”在中国国土上一路向北，迁移了 2000 多千米，超出苏联育种专家米丘林让南方果树迁移距离的一倍，创下了纪录。

当代“梅痴”和他的梅花缘

梅花是我国最珍贵的花木之一。我们的祖先应用梅子有十分悠久的历史。如在河南新郑的出土文物中就发现了梅核，这说明在七千四百多年以前，我国已开始了梅子的应用。以后到了南北朝时，梅始“以花闻天下”。千百年来，多少骚人墨客（指诗人、作家等风雅的文

积极倡导将梅花定为国花之一

人）为梅所倾倒，留下了数不尽的咏梅佳句。陈俊愉院士就是当代爱梅、护梅、养梅、育梅并献身梅事业人中的佼佼者。

1917年陈俊愉出生于天津。他从小喜欢花卉，早年毕业于金陵大学园艺系，在该校任助教和研究生时，曾在四川各地调查梅花资源。1947年，他在上海出版了第一本梅花专著《巴山蜀水记梅花》，旋（不久）赴哥本哈根（丹麦首都）皇家兽医及农业大学研究花卉园艺。在丹麦学习时，陈俊愉就发现梅花虽然名贵、优美，却鲜为世人所熟知。它孤芳自赏数千年，在国际上远远比不上日本的樱花、荷兰的郁金香知名度高。于是，他暗下决心，要用毕生的精力把中国的梅花推向世界。

1950年陈俊愉归国到武汉大学任教，依然心系梅花。授课之余，他便乘木划子（小船）到对岸磨山。磨山地处武汉东湖之中，三面临水，孤峰耸翠，地理环境类似杭州西湖的孤山。当时恰逢政府筹建东湖风景区，拟在此地建一个大规模的梅园。时任武汉大学农学院教授的陈俊愉被聘为顾问。陈俊愉如鱼得水，开始了他与梅共舞的生涯，磨山梅园也成了新中国梅事业的摇篮。

这里要向同学们介绍陈俊愉的一位挚友——已故的“东湖中国梅花研究中心”教授级高工赵守边。他和陈俊愉同是磨山梅园的奠基者。

人们为纪念他们的功绩，在东湖梅园筑造了一组名为“梅友”的雕像，那手执梅枝，专心探讨的两位老人就是陈俊愉院士和赵守边教授。当时，赵守边是磨山植物园的主任，他们因梅结缘，共同用心血、用生命护卫梅花事业。偌大的磨山梅园需要千百株梅树苗。赵守边带领园林工人几进四川，购买梅花名品。当时交通极为不便，苗是在部队的帮助下，用登陆艇分几次运回武汉的。

陈俊愉获博士学位

多少珍贵的梅花名品在磨山落户了，有“大羽”“凝馨”“白须朱砂”“金钱绿萼”……以后，赵守边又率人几次赴四川、云南、贵州购买名梅。初春时分，梅花绽开，漫坡披绣，万树流霞，真让人心旷神怡啊！

1957年陈俊愉调北京林学院任教，仍继续他的梅花研究。以前我们都以为“梅花欢喜漫天雪”，梅花一定扎根于北方。其实，在1957年以前，梅花是不能过黄河的。为了让北方也盛开梅花，陈俊愉费尽了心机。他从南京和湖南沅（yuán）江弄来梅子，在北京植播于植物园等处的苗圃中；最后，他又从几千株实生苗中选出了两个抗寒新品种——能抗-19℃严寒的“北京玉蝶”和“北京小蝶”。到1964年，这些南方骄子终于经受住了寒潮的袭击，在北京落地开花了。

用梅花精神办梅花事业

“用梅花精神办梅花事业”是陈院士遵循的信条。半个多世纪过去了，多少磨难，多少坎坷，始终没有动摇他的决心。

梅花是美丽的，但研究梅花的路却是坎坷不平的。青年时代为研究梅花，陈俊愉自费到名山大川考察。为了省些路费，他有时坐运苹果的木头船走水路（成都到重庆）。一天深夜船行到了叙府，突然风雨大作，木船的纤绳给大水冲断，船像脱了缰绳的野马向下游冲去，形

陈俊瑜与学生在一起

势万分紧急。幸亏另外几条船上的人奋力救援，将其截住，此时船已跌跌撞撞狂漂几十米了，那次算是捡了条命。平时他还坐滑竿、骑马、走路、爬山……6年时间，走遍了四川的山山水水。

在20世纪50年代初，为丰富磨山梅园观赏植物的多样性，陈院士曾率5名学生到庐山考察。爬山寻觅野花的工作是非常艰苦的，午餐清一色是两个土豆一包盐一个煮鸡蛋。人们没有心思欣赏庐山的美景，一心一意在沟沟壑壑中寻找美梅。白天寻花，晚上回来鉴定、讨论、烘压标本。一次他在资料室阅读参考资料到半夜，在回宿舍的山路上，突然碰到一个庞然大物迎面走来。大山一片漆黑、万籁寂静，只见那个“大块头”的眼睛发着蓝光，还听见它呼哧喘气的声音。啊！陈院士认出来了，那是一只豹子！怎么办？说时迟，那时快，必须在一两秒内作出抉择。逃跑是不可能的，在这崎岖的小道上，人怎能跑得过豹子？难得的是此时陈俊愉遇险不惊。他猛地想起一位动物学家讲过，野兽要吃人，多因它受到了攻击，或者因为它真饿了。于是，他选择了面对面慢慢走过去的办法……他庆幸豹子大概此时不饿，只瞪了他一眼就过去了。离开豹子，他出了一身冷汗。

零落成泥碾作尘只有香如故

在“文化大革命”中，园林花卉被说成是资产阶级的专利，陈教授指导研究生培育出的20多株抗寒优质新品种被付之一炬，至今，他仍为此痛心。他所主持的园林系被取消了，直到10年后即1975年才得以恢复。

在武汉，东湖的梅花也被大量砍伐，赵守边被监督劳动。像凌寒不凋的梅花那样，风雪并没有挫伤他们坚强的意志。陈俊愉甚至“先知先觉”地产生了预感，在离京赴滇之前，他将多年搜集的梅花佳品“骨红垂枝”“双臂垂枝”等4个良种空运到磨山，托付给挚友赵守边让他妥为保存，使这批珍品绝处逢生，至今繁衍不绝。

“文化大革命”过后，两人都恢复了工作。1979年梅开时节，陈俊愉再访磨山，看到他当年踏遍南北各地搜寻的30多种梅花珍品劫后犹存，开花甚好，“文化大革命”中由北京空运至此“避难”的4个良种也已花开繁茂，不禁喜出望外，高呼“春天来了!”当晚，陈俊愉

笔者采访陈俊愉院士

拉着不擅饮酒的赵守边，把盏说梅事，深情表衷肠，谈至夜阑方尽兴而散。然而让人们始料不及的是，两位梅友谈笑之间，竟酝酿了一个更宏大的计划——集体编写大型专著《中国梅花品种图志》，倡建中国梅花品种资源圃。真是“梅痴”啊！10年之后，两挚友的心愿前者已胜利完成，这是成为中国被任命为第一个植物国际品种（梅，含梅花和果梅）登录权威的基础与前提；后者已设计完毕，只待资金到位即可实施。

手擎巨笔绘春天

春天来了！陈俊愉无比激动、无比兴奋，他要手擎巨笔，描绘出祖国——世界园林之母最美的春天。

他的第一大笔是“南梅北移”。有位记者非常形象地比喻，陈院士率领他的学子齐声高唱：“梅妹，你大胆地向北走啊！”

前面讲过，20世纪50—60年代陈院士就开始了南梅北移的研究，取得了初步成果，把长江流域之梅引种驯化到北京，从实生苗里挑出抗寒新品，结束了京中陆地无梅花的历史。而在“文化大革命”之后又从引种、选种、育种（含远缘杂交等）多种途径专攻“南梅北移”大关。现在，他们已掌握抗零下19~35℃低温的梅花品种近30个，并从2001年起，除北京外，还在长春、沈阳、太原、兰州、包头、延安等城市试种，经过3~4年的试验、调查和比较，掌握了近10个品种的开花成长的适应情况。陈院士南梅北移的创想，经过四十多年集体奋战，终于将梅花从江南向北移了2000千米。这是一项世界创举和奇

陈俊愉院士及夫人

迹，它填补了园艺领域中的一个空白，为我国和世界作出了极大的贡献！

他的第二大笔是积极倡办鹫峰“北京国际梅园”。现在，这座全球罕见的国际梅登录精品园业经专家论证通过了规划方案，计划建成的北京国际梅园既体现科学研究成果，又饶有艺术文化内涵。梅园中有梅溪蜿蜒横贯，溪畔及全园露地则植有花草树木构成四季佳景。在中心及重要景区则按分类系统分丛配植抗寒梅花二三十个，全院主要园林建筑有 4 座：东建梅博物馆，西建梅书画院，中为品梅屋，西北有 6 个展览温室——华东、华中、华南及宝岛台湾、西南、华北和国外，共 3000 平方米，搜集国内外登录精品 200 多个。陈院士设想，届时我们将召开国际梅展，迎接国内外游人，各省市及国外“梅妹”齐聚北京，千姿百态的梅花将竞相在梅园争艳，那一定是美不胜收啊！现在，万事俱备，只欠东风，也许这个愿望，得由同学们去完成了。

他的第三大笔是将梅品种进行国际登录。什么叫植物品种国际登录呢？它有什么意义与作用呢？同学们对商品的品牌有一定的了解，品牌需要注册才能被承认和受到法律的保护。植物品种的国际登录与此颇为类似。栽培植物品种国际登录是对栽培育种成果的学术认可，是品种获得世界流通的有利基础性条件。以陈俊愉院士为会长的“中国梅花蜡梅协会”（国内称“中国花卉协会梅花腊梅分会”）1998 年被国际园艺学会任命为梅品种国际登录权威。这是我国第一次获得的国际登录殊荣。

如今，陈院士正积极为将梅花、牡丹选为“双国花”而不遗余力地开展促进与宣传工作。梅花和牡丹在我国历史上都曾分别做过国花，它们一南一北，一个代表坚贞不屈的精神文明，一个显现富丽堂皇的物质文明。且梅花在长江、珠江流域分布广，牡丹则在黄河流域广泛栽培。让梅花、牡丹成为“一国两花”的亲密姐妹，即可相辅相成，又可较好地覆盖祖国广袤的疆土，体现出中国作为“世界园林之母”

的生物多样性特点。两种传统名花同台出场，可取相得益彰之效。陈院士认为：我们需要国色天香的牡丹，也离不开铁骨铮铮的梅花（国花问题现尚未定论）。

陈俊愉的贡献

陈先生研究梅花近70年,其中从事南梅北移研究55年,使梅花北移2000多千米,是一个世界性的创举。创立花卉品种二元分类法,对中国野生花卉种质资源有深入的分析研究,创导花卉抗性育种新方向并选育梅花、地被菊、月季、金花茶等新品种70多个,系统研究了中国梅花,在探讨菊花起源上有新突破。出版了《中国梅花品种图志》,与程绪珂合作主编《中国花经》。曾获林业部科技进步奖一等奖、国家科技进步奖二等奖等多个奖项，这是全国花卉迄今之最高奖。

陈俊愉 院士题词

中關村中學囑書

科教興國中

中學是關鍵

乙酉立夏前 陳俊愉

开拓中国的森林生态学研究

——记森林生态学家阳含熙院士

阳含熙（1918—2010）

阳含熙简介

阳含熙（1918—2010），我国著名的林学家、生态学家，中国科学院资深院士。江西省南昌市人。1935年至1939年就读于金陵大学森林系，1947年赴澳大利亚墨尔本大学植物系攻读，并取得科学硕士学位。1949年转读英国牛津大学森林学院，获林学硕士学位。

回国后先在浙江大学任教，1954年被调到中央林业研究所，曾任中国第一个森林土壤室和林木生态室主任，中国“人与生物圈”国家委员会秘书长、副主席，联合国“人与生物圈”协调理事会副主席，中国生态学会第一届副理事长，中国林学会理事、顾问，中国生态经济学会第一届副理事长，曾任《自然资源》主编。1978年起任政协第五、六、七届委员。

走进阳含熙院士的家，第一印象是满屋子都是书，书架几乎遮掩了所有的墙壁，年逾80的老人精神矍铄，思维敏捷，十分健谈。

青年时代的阳含熙是一名爱国的热血青年，1938年日本侵华后他积极投身抗日救亡运动，曾担任成都五所大学战时服务团的学生宣传部长。1949 年在牛津大学森林学院获林学硕士学位，一年后他不顾美、英政府阻挠回到刚刚解放的新中国。

开拓中国的森林生态学研究

为大力发展桉树，提出引种名录。桉树是速生的树种，生态适应性一般较强。澳洲桉树种类繁多，中国华南地区比较早的引种栽培了这种树，林业部曾作为重点树种积极发展。但因且生态习性和适宜立地不尽相同，国人并无系统了解。为在中国引种桉树，研究其育苗、栽培技术，阳含熙以自己在澳洲所学桉树知识，在华南调查总结了中国引种桉树栽培的经验教训，宜林地条件提出应发展的种类；并与广西、广东两省林业科学研究所和华南农学院合作，在广西柳州沙塘进行桉树育苗和林分生长研究，为中国适宜地区重点发展桉树提供了科学依据和经验。

对杉木进行系统的生态学研究。杉木是中国南方栽培历史悠久和栽植面积最广的优良用材树种。阳含熙对中国这一最重要的南方用材树种，进行了系统的生态学研究。为把中国民间栽培杉木的丰富经验上升到理论，他用科学方法指导其集约栽培，以提高杉木营林水平。自 1956 年起，进行了一洗了研究，阐述了林地植物对现有林地立地条件质量和宜林可能性的指示意义，提出“生态种组及其指示数量指标”等理论应用问题而受到地植物学界重视。

以生态学为指导，解决平原地区林业的疑难问题。20 世纪 50 年代，山西大同地区推广以小叶杨为主的农田防护林带，营造后发生“红心病”，一时弄不清该病的发生条件和病源，也无解决办法。1957 年他在大同地区进行细致的野外调查后认为：小叶杨的红心并非病害，是属木材变色，不影响材质。发生原因是由于当地雨量不足，不能满足小叶杨生长发育的水分生理需要所致。为了发展山西大同地区的农田防护林带，他提出可改用樟子松、华北落叶松和一些抗旱性强的灌木树种，还应采用一系列防止造林后土壤及树木蒸发的营林措施。对现有小叶杨防护林提出了“深抚、疏伐”的改进办法。后来在中国营造“三北”防护林的实践中，证明了他当时的建议是正确的。对平原农业地区的林业，除研究发展农田防护林带外，散生林木也是重要的统计和调查研究对象。

从20世纪40年代开始，阳含熙院士倾其全部精力致力于生态研究，在生态学的许多领域做了大量开拓性的工作，在我国生态学不同发展时期起了重要的促进作用。同时，他为培养我国植物生态学人才做了大量工作。他开拓了中国的森林生态学研究，倡导并发展了中国植物数量生态学的研究工作，推进我国与国外生态学科学的合作与交流。他多次参加国际双边或多边合作谈判和大型国际科学会议，多次担任在我国召开的国际会议的组委会主席或副主席，主编了多部国际会议论文集。

阳含熙院士学识渊博，治学严谨，著述颇丰，桃李遍及海内外。他崇尚读书，更崇尚读大自然这本活书。几十年来他不懈地在大自然的原野里，在生态科学的园地上孜孜采撷和探求，即使在耄耋之年仍求新不断，笔耕不辍，时有闪现着活跃的学术思想的新作问世，敏锐的洞察力堪为青少年之楷模。

一封给中学生的信

同学们：

我想跟你们谈一谈中学的学习，希望会对你们有些帮助。

中学六年，学生年龄通常为12~18岁，期间包括了从少年到青年的转变，身体和心理迅速发育成长，巨大的潜力等待发掘和开拓：朝气蓬勃、精力充沛、求知欲旺、可塑性强，差不多没有什么知识和技能是学不会的，年龄再大，就要多费许多力气了。正如古人所说：“劝君莫惜金缕衣，劝君惜取少年时。”

我是1929—1935年在中学读书的，我的中学老师都已离开这个世界了，我以十分崇敬的心情永远地感激和怀念他们。

我的中学国文老师汪国镇先生，江西彭泽人，1937年日本侵略中国，他在家乡面斥敌酋，高呼“日本必败，中国必胜”慷慨就义。他的事迹已受国家“义烈千秋”的旌表，1995年他从教的江西南昌一中（当时叫南昌二中）开纪念会，并为他树碑立像，他受到了应得的崇敬。我只想说自己当年幼稚的心灵，虽能记得他谆谆教导的形象，而未能窥测他的内心的高贵品质。仔细回味起来，课堂之上，他激昂热情地讲授文天祥、史可法的事迹，其实他是在传授圣贤事业，决心效法圣贤的行为。他是一个真正可敬的人，一个令人敬仰的老师。

我的中学图画老师是国画大师傅抱石先生（他当时还未成名），而我却是一个粗心大意的学生，没有学到多少国画的基础知识，我只能内疚不已！痛惜失去了一次珍贵的机遇。

我还有一位义务来校教授他自己创造的中国拼音文字的陈振先先生（他曾任北洋政府第一任农林总长），60岁开外，身着整齐的西装，每天学校最后一节课程结束，他已准时候在校门，专门来讲一小时课，历时月余。他教的内容我早已忘掉，可是他第一次上课时，在黑板上端端正正书写“风雨寒暑，不敢告劳”八个大字以及他每次准时认真讲课的神情，一直记得清清楚楚。

青年同学们，人生百年，韶光如流，青春不在，良机易失，你们一定要全心全意投入自己的中学生活，祝愿你们鹏程万里。

一位六十多年前的中学生阳含熙

我的学习经验

阳含熙

我爱读书，一卷在手，古今中外的人都来和我谈话，非常自由地谈话，随心所欲地或停止或继续；名山大川异方殊俗，任意游赏款接。然而，这样美好的学习经验，一旦和接触真正的自然界这本“活书”相比，那就有天壤之别了。

当你置身于大自然的原野之中，她的无限风光，丰富多彩，变幻莫测，令人目瞪口呆，顶礼膜拜，忘掉自己，自己实实在在和眼前的万物一样，只是一个万能“上帝”创造的大千世界的一粒“沙子”。我走进一片天然森林，也许能认识一些树木花草，可是他们的姿态行为没有一次是完全一样的，每一次相见都发现一些前所未知的新东西。至于天上突然飞过一只小鸟，地面爬来一只昆虫，土中挖出来一些小动物，这些许许多多我连名字也叫不出来的生物，与我同样都是一个“生命”。这个神奇美妙、日新月异的亿万生灵活动的自然界，怎么可能被我这样一个“人”理解和说明呢！我每一次都只能学到一点新东西，何况有时回来查阅“死书”，更懊丧原来自以为新的东西别人早已见过、说过。我只有很快再走向大自然，进行又一次新的探索。不管我去过的是森林、草原、荒漠、冻原、湖泊还是海洋……我都得到同样的感受。

几十年过去了，我的精力渐渐衰退了，但我终于积累到了两点经验：其一，我一生学习到的东西，实在只是无穷无尽的自然界的点点滴滴，我只是短暂、蒙昧的一个生命；其次，科学研究是一个探索自然的过程。一个相对真理不断接近绝对真理的发展过程。20 世纪科学成就是非常卓越的，然而人类已积累的知识只是自然界绝对真理这一巨大冰山浮出海面的一小部分，21 世纪必将会有更快、更多、更大的突破——这里我还要说一句内心深处的话，我们伟大祖国也将重新赢得她在数百年前科学发展史上的光荣地位。

我深信，我们这一代的一项神圣使命是爱护这个无限丰富的自然界，留给比我们更有知识、更有能力的后来人去探索、去理解。我们必须谦虚谨慎，三思而行，绝不能轻率地想用一切粗糙的人为的东西来代替大地母亲几十亿年创造的世界。

阳含熙的贡献

20世纪50年代，为海南岛橡胶林勘察设计和热带林业提供科学依据；提出杉木林人工林型分类、气候区划和土壤分类系统，开展杉木林生态定位观测和试验，以及速生丰产林栽培技术；解决了北方平原杨树造林的重要生态疑难问题；倡导并发展了中国植物数量生态学的研究工作，1979年首次用微机做出中国植物群落数量分类；从事东北林区阔叶红松林的数量分类、种群格局、年龄结构、更新策略和动态研究。

在生态学领域进行了许多开拓性的研究，特别是对杉木生态学的系统研究，为中国森林生态学应用基础研究奠定了基础；倡导并发展了中国植物数量生态学，使植物生态学由定性描述阶段发展到定量分类阶段。他在促进国际科技合作与学术交流方面做了大量工作，特别是为中国“人与生物圈”国家委员会参加国际研究项目和有关生态科学的国际交流，作出了显著贡献。

阳含熙 院士题词

中学是一生
学问的基础

跃迁之高不可测量

——记北京正负离子对撞机主持人叶铭汉院士

叶铭汉简介

叶铭汉（1925—），高能实验物理学家、探测器技术专家。中国工程院院士。高能物理研究所原所长。出生于上海，1949 年清华大学毕业，毕业后考入清华大学研究院。参加研制我国最早的两台带电粒子加速器，是我国第一代国内培养的低能加速专家。20 世纪 60 年代初在国内自制的加速器上开展低能核物理实验。70 年代中开展高能物理粒子探测器的研制。1982—1988 年主持高能物理大型实验装置——北京谱仪的研制。是北京正负电子对撞机工程的主要主持人之一。1988 年北京正负电子对撞机和北京谱仪建成，叶铭汉为我国在国际高能物理学界占有一席之地作出了重要贡献。

叶铭汉（1925—）

1998 年 10 月 20 日，一则特大喜讯通过媒体传播到全中国，传播到全世界：“16 日凌晨 5 点 56 分，我国第一座高能加速器——北京正负电子对撞机首次对撞成功。这是我国继原子弹氢弹爆炸成功，人造卫星上天之后，在高科技领域又一重大突破性成就。”

远在 1972 年周恩来总理在对《关于建设中国高能加速器实验基地报告》的复信中就明确指示：“这件事不能再延迟了……高能物理研

究和高能加速器的预制研究，应该成为科学院要抓的主要项目之一。”1981年邓小平同志在中国科学院《关于建造2×22亿电子伏特正负电子对撞机建议报告》上批示：“我赞成加以批准，不再犹豫。”1983年4月国务院批准了这个计划。1984年10月7日北京正负电子对撞机建设工程破土动工，邓小平等党和国家领导人以及中外科学家参加了奠基仪式。

为什么党中央、国务院对这一实验工程如此重视，为什么将这一实验的成功与原子弹、氢弹的爆炸成功及人造卫星上天相提并论呢？带着这一问题我采访了北京正负电子对撞机工程的主要主持人之一叶铭汉院士。

叶院士浅谈正负电子对撞机及谱仪

北京谱仪正面像

年逾80高龄的叶院士精神矍铄、慈祥可亲。他深入浅出地将这一高科技问题解释给我：“现在研究物质有两个方向，一个是往大了研究——宏观方向；一个是往小了研究——微观方向。研究小的东西例如研究这个杯子（院士随手从桌上拿起一个杯子），杯子由什么组成呢？是由分子组成的；分子由什么组成呢？由原子组成；原子又由什么组成呢？由原子核、电子组成，要进一步研究就要将原子打碎看看，这用一般的方法是不行的。要用最简单的原子核如氢的核（即质子）去

年逾耄耋，依然精神矍铄

撞它，要研究质子怎么办呢？可以用质子与质子撞，也可以用电子与质子撞，这需要很高的能量，要将电子、质子速度提到很高，像打靶一样，才能将它打碎，这就需要加速器，加速器可以将质子、电子的能量加到很高。打碎以后要研究这些碎片，要测量出这些碎片是什么东西，有什么性质。同时，在极高的能量下，质子与质子对撞，电子与电子对撞，也可能产生新的现象，可以研究基本粒子结构，例如它是否是中性，是否带电，带多少电？这就需要探测器，北京谱仪就是探测器。”

啊！原来如此。院士一席话将一个极为深奥的问题讲得通俗易懂，我心中充满了敬佩之感。北京电子对撞机还附带产生很强的光辐射，名叫同步辐射，可以用来进行许多高精尖的实验，例如，利用它我们首次获得了SARS蛋白酶大分子结构。

建成这个高能加速器绝非易事，它是由数百种、上万台件高精尖专用设备组成的复杂的系统工程。整个工程包括：①加速器，即北京正负电子对撞机；②高能物理实验装置，即北京谱仪；③同步辐射装置等三个主要组成部分。叶院士告诉我们，在邓小平同志的亲自过问下，国务院组成了以中央常委宋平为首的领导小组，对这项工程进行了卓有成效的支持。

在领导小组的组织指挥下，中央十多个部委及所属的几百个工厂、研究所、高等院校近万名科技人员、工人、干部、解放军官兵全力支援，他们充分发扬自信自强、艰苦奋斗的精神，自力更生、顽强拼搏，克服了重重困难，出色地完成了各自的任务，充分地体现了社会主义制度的优越性。而在第一线主持和研究的科学家们如叶铭汉院士、谢家麟院士、方守贤院士及众多科技人员更是殚精竭虑、废寝忘食，他们充分发挥自身的才智，参照世界先进技术，创造了建设速度快、投资省、水平高的奇迹。仅用 4 年的时间完成如此复杂的高技术工程，在国际上也是不多见的。而一次对撞成功，表明对撞机的各种设备、部件的质量、安装调试的水平在世界也属一流。

1989 年北京正负电子对撞机获中科院科技进步奖特等奖，1990 年北京正负电子对撞机与北京谱仪获国家科技进步奖特等奖，叶院士功不可没。

据悉，在未来 5 年内，我国将投入 6.4 亿元资金，建设在该能量范围内世界上最棒的对撞机，为进一步探索微观世界的奥秘创造条件，例如寻找胶子球、夸克胶子混杂态和奇异粒子等新粒子……同时由于同步辐射能量的提高，将为探索蛋白质结构、纳米结构提供强有力的手段。叶院士及众多的科学家任重道远，这也为年轻一代提供了探究科学的平台。

叶院士与北京谱仪

这里要特别讲一下北京谱仪。在北京正负电子对撞机工程建设中，叶院士全面负责北京谱仪的设计和建造。其实在对撞机总体计划批准之前，叶院士就开始了有关北京谱仪的研制。北京谱仪是一项大型科研工程，其难度不亚于对撞机，它包括多种探测器、大型螺旋管磁场线圈等。整体直径6米，长6米，呈圆筒形，总重480吨。谱仪的控制、数据的获取全部通过计算机。北京谱仪工程除了硬件以外还包括大量软件，用来控制谱仪的运行、处理获得的信号，重建粒子的径迹等。此外还需要进行物理分析和模拟高等物理过程的大量软件。

领导这项工作的难度可想而知。叶院士有渊博的理论知识，了解国际高能物理的发展动向，另外叶院士有对于多种探测器的研制及使用的经验，还有非常重要的一条就是叶院士善于团结各级人员、发挥各人之长，充分调动工作人员的积极性。工程就是在叶院士等周密的计划下，大家团结一致，相互配合，艰苦奋斗，高质量完成的。

叶院士笑谈青少年往事

叶院士取得的成绩除上述辉煌业绩外还有许多，如早年在静电加速器方面，在核反应和核衰变实验方面，在国际合作方面都取得了骄人的成绩。他一生著作颇丰，共发表一百余篇论文并有《静电加速器》等专著问世。更难得的是，院士以古稀之年，仍在岗位上兢兢业业工作。笔者不禁询问少年时代如何为今日成为大科学家打下基础的，引发了叶老笑谈往事。

“我小学是在上海一所学校上的，那时成绩较差，是中等偏下。四年级时算术开始教四则运算，讲‘鸡兔同笼’等问题，我上课不专心，一开始没好好听，以后越来越听不懂，终于算术考试不及格，因此留级了一学年。

初中在震旦附中学习，这里老师教书都十分认真，学生上课秩序很好，我的学习在这良好的环境中有所进步。初二时我的学习成绩有了飞跃，那是相当偶然的一件事促成了我的学习积极性。语文老师张鹤群先生有一次布置作业，要求大家对一篇讲日本帝国主义在济南屠

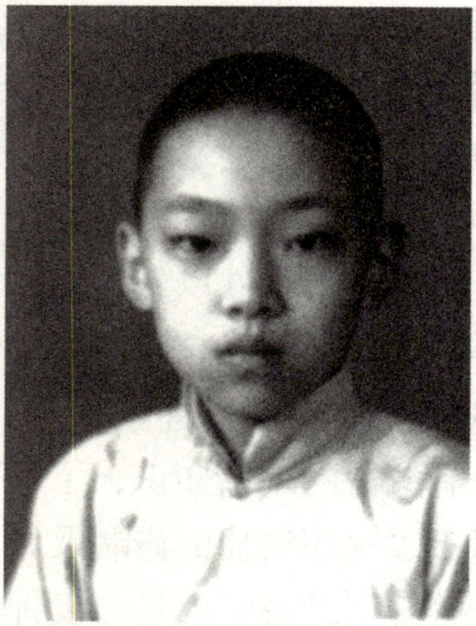

少年时代的叶铭汉

杀我国老百姓的文章作读书笔记。老师在课堂上作了详细分析，给了大家提示。

我在做这一作业时，忽然灵机一动，为什么不按照做表格的办法来写心得呢？于是我就对文章分段评述，用一、二、三、四给各个段落编号；在每一段落内，又用1、2、3、4把各个重点编号；最后对全文写了一段总结评述。写的时候使其排列整齐，我实际就是把老师的分析分别列出，做成了表。

没有想到，这样简单的重新组合排列，居然得到了老师的赞赏。老师在课堂上对我写的心得大加表扬，说不但分析清楚，而且写得段落明显，排列醒目。不但在我们班表扬，还在另一班表扬。这一表扬竟不知不觉地大大提高了我学习的自觉性和兴趣，上课也专心了，一下子我学习的成绩全面提高。

初三时我的成绩已达到全班第一名，还得了奖学金，免交学费。我时常回想，张鹤群老师那一次表扬，对我终生起了决定性的作用。

“从我的切身体会看，不要将小孩子在小学就定了终身。对小孩子还是以表扬为主的方法好。”叶院士语重心长地说，似乎是说给家长和老师的。

“由于我想将来报考清华大学，高中就报考了以英语教学为主的上海大同大学附中。大同附中因校舍小只上半天课，该校宽进窄出（进校容易毕业难），课本除去语文书其余都是英语教材，例如地理、历史、三角、几何、代数都是英语课本。而我初中学的英语较浅，听不懂、看不懂，一下子就卡壳了。我就拼命利用下午不上课的时间背单词，还是跟不上，怎么办呢？我想必须改进学习方法。于是我从英文容易看懂的学科入手，比如几何，数学公式都是一样的，我不查字典也可以看懂，就有兴趣。再有我不像原来那样把重点放在背单词上，而是读通篇，整句地学。先看简单的，难的先放一放，调整方法以后，我英语进步很快，其他学科也就跟上去了。到了高二年级时，我的成绩已排到全年级的前十名。这一段学习让我体会到，学习方法很重要，找到方法，也就提高了克服困难的信心。我希望这个体会对学生有帮助。”

听叶院士一席话，真是胜读十年书，愿所有的学生、老师、家长都从中得到启发。

叶铭汉的贡献

20 世纪 50 年代参加我国第一、第二台带电粒子加速器(700 千电子伏和 2.5 兆电子伏静电加速器)的研制，建成后负责其运行和改进，对我国低能加速器的发展作出贡献。后率先研制和发展多种粒子探测器，开展我国第一批核物理实验，做出了国际水平的物理工作。70 年代开展多丝正比室、漂移室等高能物理实验常用的粒子探测器的研制，首先在国内实现多丝正比室计算机在线数据的获取。1982 年起主持大型高能物理实验粒子探测装置“北京谱仪”的研制。是大型科研工程“北京正负电子对撞机和北京谱仪”的主要科技领导人之一。获 1990 年国家科技进步奖特等奖。

叶铭汉 院士题词

中关村中学同学

德智体全面发展

叶铭汉

二〇〇三年一月

我国IT事业最有影响第一人

——记中国计算机事业创始人张效祥院士

张效祥简介

张效祥（1918—），出生于浙江，中国科学院资深院士。1943年毕业于武汉大学，1956—1958年赴苏联科学院进修。计算机专家，是我国计算机事业的创始人之一。半个世纪以来，张效祥在大型、巨型电子计算机研制中作出了卓越贡献，曾荣获国家科技进步奖特等奖、军队科技进步奖一等奖等多种奖项。他从领导岗位退下来后，参与了国家和计算机发展研究，担负着众多学术、社会团体的领导职务，多次为高层决策发表过很有见解的咨询意见和文章，1993年荣获国家科委荣誉证书。为表彰他的杰出贡献，党中央及中央军委授予他“不朽功勋章”。

张效祥（1918—）

张效祥是我国杰出的计算机专家，中国科学院资深院士，长期在中国人民解放军序列中服役，将军与学者融为一身。照片上的张院士身着将军服，威严而睿智，让人心生敬畏。他在百忙中拨冗接受采访，因为采访的目的是为青少年的教育，为学生日后成才探寻经验而来的。面前的张老身着便装，慈祥又随和，虽已届鲐背之年依然精神矍铄，思维敏捷。

非凡业绩不朽功勋

伏案审阅

现在，计算机已经进入办公室，进入家庭，就连初中学生也能熟练地使用计算机了，但在半个世纪前，中国人刚在北京展览馆（即原来的苏联展览馆）看到苏联展览的这一神奇之物。会上展出了苏联当时制造的三种计算机，和今日的计算机相比，当然简单多了。两年以后，1956 年 1 月，中央召开了知识分子会议，周恩来总理在会上强调了计算机是新的技术革命，从此，开始了我国制造电子计算机的艰难历程。

张效祥院士是我国第一台大型 104 数字电子计算机研制的主持人，也是我国自行设计的电子管、晶体管和大规模集成电路各代大型计算机研制的组织者和直接参与者，在我国计算机事业的开拓和发展中起了重要作用。自 20 世纪 70 年代起，在他的领导下，经过多年的努力，我国于 1985 年完成第一台每秒亿次巨型并行计算机系统，该项成就获 1987 年国家科技进步奖特等奖。我国计算机的研制成功及迅速发展，直接带动了各行各业的发展，104 计算机在我国“两弹一星”的研制中，曾起着极为关键的作用。胡锦涛等历届中央领导都曾亲切接见他，2009 年，年逾 80 高龄的院士又应邀出席总参英模大会，被评为总参英模。中央军委授予他“不朽功勋章”。张效祥院士是我国计算机事业名副其实的领军人物之一。

出身清贫名校育才

张效祥 1918 年生于浙江省海盐县的狮岭乡，现属海宁市。海宁是人杰地灵的地方，出现过许多历史名人，保存有不少文化遗址。院士的少年时代是非常清苦的，父亲是教师，生活勉强维持，无奈 7 岁时慈母过世，11 岁时又失去父亲，成了一名孤儿。幸亏家在上海的大哥收留了他，哥哥家中生活虽也拮据，但衣食总算有了着落。

幼年的张效祥不讲穿，不贪吃，一心要读书，他认定知识能改变命运。他先在上海读书，以后到杭州省立高中读书。百年杭高是一所名校，这里学风严谨，名师如流，涌现出一大批推动近现代中国发展进步的卓越人才。如鲁迅、朱自清、叶圣陶、蒋梦麟、徐志摩、郁达夫、丰子恺、金庸等。张效祥学习十分刻苦，他对语文、数学、英语、历史都感兴趣，每次考试都名列前茅，这让同学们羡慕不已。日本鬼子入侵中国，他又辗转到四川国立第二中学读书。四川国立第二中学同样是一所很有名的学校，此时抗日战争已风起云涌，学校将全国许多地方，特别是江浙一带的学生集中到这里学习。虽然学校条件非常差，自己的经济情况也很差，生活十分艰苦，但得天独厚的是，这里集中了许多名校教师，这让学生获益匪浅。张效祥对学习更加刻苦努力了，一年半后他终于以优异的成绩高中毕业，考上了武汉大学。

武汉大学坐拥珞珈山，环绕东湖水，地势蜿蜒起伏，错落有致；校园绿树成荫，花香流溢；武汉大学具有光荣的革命传统和很高的学术地位，周恩来、董必武、陈潭秋、邓颖超、罗荣桓等在这里从事过革命活动。这是一所人才辈出的百年学府，其中有享誉国内外的专家学者竺可桢、李四光、郭沫若，翦伯赞，杨献珍等教授，还有李方华、陈俊愉、陈建功、丁夏畦、王佛松、杨叔子、刘更另、方智远、范云六等在科学上卓有建树，并为我校题词的院士们。

哥哥家中生活也非常困难。没有了经济来源，幸亏当时学校为贫困学生颁放贷金，张效祥用这微薄的贷金解决吃饭问题，维持最低的生活水平，最后一年是靠一位热心的学友接济。常常为吃饭问题发愁的日子，给他留下了刻骨铭心的记忆——多少年后，一次他睡觉时被哭醒，老伴问他为什么，他说梦见没钱买饭票，没饭吃。

名师执教，名校培育，造就了他的崇高理想、科学精神、文化底蕴和组织才能；而他从童年时代就立志高远，勤奋有加，又使他在众多的学友中脱颖而出。他是武汉大学的高材生，他的品德，他刻苦学习的精神，他的成绩是被所有学友敬佩的。1943 年他在武汉大学电机系毕业，开始了他与国家发展尖端同步的紧张而有意义的生涯。

殚精竭虑不负使命

1957 年，中国科学院派出 20 人的赴苏进修队，张效祥任队长。这是压力也是机遇，已近不惑之年的张效祥和全体队员，肩负着祖国与人民的重托，前往苏联学习。当时，苏联相当小视我国的科技潜力，认为中国经济、科技条件不成熟，应着重学习制造与应用，研发由苏联进行。但张效祥不这样看，他认为，祖国要富强，不受他人牵制，就一定要把计算机技术学到手，在我国建立计算机学科和事业，这个思路得到党中央的支持。

计算机是一个全新的事物，张效祥等像拓荒者一样进入了这个全新的领地，许多知识是从零开始的。总结当年成功的经验，张老告诉青少年：不要要求工作适应人，而是要求人去适应工作；不应人去挑剔工作，而是要尽力做好工作。

参会议政

回国以后，张老被委任为我国制造第一台大型数字电子计算机（代号 104 机）

负责人。104 机是电子管式的大型计算机，拟由中国科学院和原四机部等单位组成的研发和制造两支团队进行攻关，运算速度为每秒 1 万次。在当年，这样的计算机已属于尖端，对我国来说，更是从无到有的里程碑。张老和所有参战的人一起，废寝忘食地工作着，攻克一个又一个难关，作为领军人，张老身上的担子更重。

张效祥院士与夫人

要求部下严格，首先要要求自己严格，每一项工作都要求十分缜密、细致。张老讲：计算机结构十分复杂，一点都不能错，连一个焊点都不能将就。仅不出错还不成，还要可靠。另外，这项工作需要许多部门协作，几百上千人参与，组织好这支队伍，也不是容易的事情，必须事事深思熟虑，一个环节不到位都不行。为此，张老经常夜以继日地工作，在那段时间里，吃饭、走路，甚至做梦都想着工作。

104 机于 1958 年 9 月间进入机房安装，随即开始分调。1959 年 4 月 30 日清晨调通逻辑，并算出了第一个课题："五一节"的天气预报。经过正确性调试和可靠性调试两个阶段之后开始试算，于 1959 年国庆时宣布完成，为国庆献上一份厚礼。时任科学院院长的郭沫若先生当即写了一首诗："计算技术开新元，104 型冒尖端。百尺竿头进一步，实事求是埋头干。"104 机完成后，许多重大科学课题纷纷上机运算。我国第一颗原子弹的有关科学计算就是由 104 机实现的。

在张效祥院士的领导下，我国又于 1985 年完成第一台每秒亿次巨型并行计算机系统。计算机技术发展极快，目前我国超级计算机运算已达每秒千万亿次。"可上九天揽月，可下五洋捉鳖，谈笑凯歌还。"伟人毛泽东在重上井冈山时，曾以这样的诗词，抒发豪放的情怀。我国人民攻克计算机难关一事，再一次证明"世上无难事，只要肯登攀”，张老以自身体会谆谆告诫青少年：任何事情，只要动脑筋，只要努力去做，都会做出成绩；不管做什么事，钻进去都能做好。

现在，张老又关注纳米电子技术的发展，张老说：纳米电子技术的出现可能使计算机性能成千上万倍地提高，体积降到原来的千万分之一。“让中国计算机事业再创辉煌”是院士最大的心愿。

家风纯朴言传身教

贫穷对于人生来说，也许是另一种财富。院士从小就动手能力非常强，幼年时，他曾用一个洋油桶为一位老人改装成两个铁簸箕，老人家非常高兴，为此奖励给他 10 个鸡蛋。他会缝纫，年轻时，自己的内裤自己缝，他能剪裁得不浪费一点布。他会钳工、木工，直至现在，在他的地下室中，仍保存着刀斧锯锉整套工具，案子上架着两个不同型号的小虎钳。遇到家中什么电器啦，马桶啦……坏了，院士就自己修理了。

院士夫妇与保姆一家

作为我军的高级将领，作为科学院的资深院士，他们的经济是非常富裕的，属于今日社会的“有钱一族”，但是他们平时的穿戴竟非常简朴：夫人温老穿一件旧毛衣，一件过时的外套。温老指着将军穿的夹克衫说，他穿的这件衣服才 100 元，皮鞋才 50 元。更让我惊讶的是温老说，“从结婚到现在，他的头发都是我理，出国时也是我理发。”“一双鞋不穿烂了，我不买新的”。

钱都干什么了呢？这么多年，他们家曾用过许多保姆，这些保姆大部分来自偏远的贫困地区。二老善待她们，不仅平时帮他们解决许多困难，特别难得的是出钱供他们一个个上了成人大学、培训学校，让他们日后在社会上有个安身之技。

保姆小芳家在张北地区，家中很穷，他父亲非让她找个丈夫结婚。二老将她送到美容学校学习，以后做了美容师、按摩教员，工资不菲，后来坐飞机回家，被乡亲传为佳话；保姆小莉在院士家工作了六七年，二老供她上了成人大学，现在，在将军二儿子的公司做总会计师；司机小田父亲腰痛，住到了北京的空军医院，花了不少钱，全部医药费都是二老出的，临走时还给了他 3000 元；还有一个司机，二老送他去学工商管理，然后帮他在自己儿子的公司就业，又帮他娶了媳妇；有一个公务员小汪，二老培养他上完大学，现在已当上处长。现在的保姆年龄较大，儿子来京学驾驶，二老又给了 5000 元，儿子来看望妈妈，就和将军夫妇一起就餐……对此，将军说："我就把他们当自己的孩子，这对我们也是安慰。"温老说："大家都有饭吃，社会就安定了。"

院士的家庭其乐融融，老俩重视孩子品德的培养，孩子们长大后靠自己的本事，各自在不同的领域打下一片天地，可以说是群星闪烁。将军夫妇是如何培育自己的孩子呢？笔者在长时间的采访与观察后，感受最深的是：家风纯朴，言传身教。在做人的准则上，院士和他的夫人堪称楷模。

张效祥的贡献

张效祥院士是中国计算机事业创始人之一。20 世纪 50 年代末领导了中国第一台大型通用电子计算机的仿制。在此后的 35 年中，先后组织领导并亲自参加了我国自行设计的从电子管、晶体管到大规模集成电路各代大型计算机的研制，为中国计算机事业的创建、开拓和发展作出了杰出的贡献。20 世纪 70 年代中期，在他的领导和直接参与下，率先在中国开展多处理并行计算机系统国家重大项目的探索与研制工作。经过多年努力，于 1985 年胜利完成中国第一台亿次巨型并行计算机系统，为我国巨型机的研制开拓了新的技术途径，也对中国跟踪当代国际计算机向多处理器化发展的趋势起到了重要的推进作用。

张效祥 院士题词

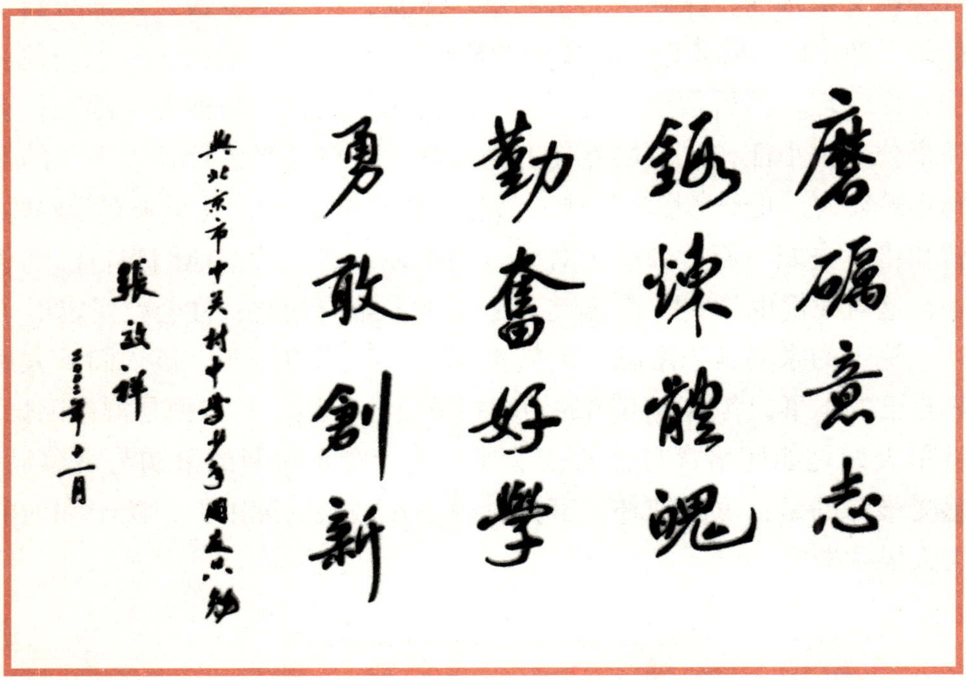

数学王国的巨人

——记我国著名数学家吴文俊院士

吴 文 俊 简 介

吴文俊（1919—），著名数学家、中国科学院院士、第三世界科学院院士。出生于上海，上海交通大学数学系毕业。到法国留学获博士学位。现任中国科学院系统科学院研究员。曾获国家自然科学奖一等奖、第三世界科学院数学奖、陈嘉庚数理科学奖、香港求是基金会杰出科学家奖、Herbrand 自动推理奖、2000 年度国家最高科学技术奖，2010 年国际小行星中心将第 7683 号小行星永久命名为“吴文俊星”。

吴文俊（1919—）

年逾 90 高龄的吴文俊院士依然辛勤地耕耘在数学研究园地上。他是国内外知名的数学家、首届国家最高科学技术奖获得者，同时是邵逸夫数学科学奖等国内外重要奖项的获得者。他年轻时即在数学领域展示了不凡的才华，31 岁时发表的示性类公式，被国际上誉为“吴公式”，不少数学家对“吴公式”作了不同的证明和推广。36 岁时，他与钱学森、华罗庚一起获得首届中国国家自然科学奖一等奖，他曾担任第 24 届国际数学家大会的主席，成为首位担任被誉为“数学界的奥林匹克”大会主席的中国人。

数十年间，吴文俊不仅建立了“吴公式”、“吴示性类”、“吴示嵌类”、“吴方法”、“吴中心”，更形成了“吴学派”。诺贝尔奖没有设数学奖，人们通常把“菲尔兹奖”誉为数学中的诺贝尔奖。吴文俊的工作被5位菲尔兹奖获得者引用，有3位的获奖者还使用了吴文俊的方法。一直到最近两年，仍有菲尔兹奖得主在引用吴文俊的经典结果。

难以置信　数学大师从“0”起步

吴文俊在数学领域有如此高的建树，想象中的他童年时代一定是满纸高分吧？让人难以置信的是，数学大师竟从0分起步。那是1932年兵荒马乱的时候，刚上初中的吴文俊随同家人逃难到乡下，局势平稳后回到学校时，课程已经拉下了许多。结果，一次考试他得了0分，这让好学上进的他十分沮丧。但坏事也变成了好事。由于没考好，假期中他参加了数学补课，而那位补课教师又讲得非常好，激起了吴文俊对数学的极大兴趣，这以后，他的数学成绩突飞猛进，很快就名列前茅。优秀的成绩让他对数学更有兴趣，以至到着迷的程度。

吴文俊院士曾笑谈以往感慨地说，这个0分成了一个特殊的契机，让他在教师的引领下，进入了数学王国的大门，得以探寻这里的无穷

专心致志

宝藏。得了0分并不可怕，亡羊补牢也许会有新的收益。只要对学习有了兴趣，一定能取得好成绩。这个例子是否能让许多学习成绩暂时不好的同学找回信心呢？

难以忘怀　父亲的良苦用心

吴文俊出身于普通的知识分子家庭，祖父是读书人，在乡间教私塾为生。父亲有浓厚的爱国民主思想，英语非常好，后在医学出版社从事编译工作。吴文俊是长子，下有两妹一弟。一次弟弟不慎从楼梯上摔下来，后夭折，父母悲痛之余，越发将文俊视如掌上明珠。但父母并不娇惯他，而是手把手地将他一点点地引进了浩瀚的知识海洋。父亲喜欢读书，他的藏书很多，他把这种嗜好尽情地传给了儿子，告诉儿子书中有无尽的知识，无穷的乐趣。父亲有时携儿子静默地看书，有时给儿子以指导，年复一年，父亲教会和训练了他非凡的自学才能。童年时代的经历为他的一生打下良好的基础，让吴文俊终生难忘。他喜欢静静地读书，一本又一本，时间从身边悄悄地流过，知识在心中逐渐积累，书本让幼年的吴文俊产生了广泛兴趣，甚至是乐趣。这乐趣使他迸发了极大的积极性，“学中有乐”——这就是父亲精心地送给他的传家宝，这个传家宝让他用了一辈子。

在“文化大革命”时期，学校停课，科学家去“下放锻炼”，就在那个“读书无用论”横行的时代，吴文俊也没有放弃研究。“批林批孔”的年代，数学所号召学一点历史，吴文俊机智地抓住这个机会，“名正言顺”地学起了数学史并进行了大量的研究，他的数学史研究论文《中国古代数学对世界文化的伟大贡献》就在这样的环境下诞生了。在人人自危的政治动乱年代里，他却异于常人地获得丰硕成果，使中国数学史研究进入了崭新的阶段。

书山有路勤为径。勤奋地读书成了他的惯性，探询能力成为他的开山之斧，执著的追求成为他永不停步的动力。选中了数学这个难题，他一路披荆斩棘、勇往直前。

吴院士在讲课

父亲的爱国情操与民主思想同样滋养着吴文俊的成长。在南洋大学期间，日寇侵华，学校迁至租界，吴文俊就读的正始中学奖学金停发，当时成了汉奸，系维新政府成员的正始中学校长陈群欣赏吴文俊的数学才能，亲自找到陈文俊，说要资助他读书。虽然当时的学费已令吴家难以承受，但陈群的“好意”仍被吴文俊严词拒绝。他以接受这样的资助为耻，要做一个堂堂正正的中国人。父母亲正直诚实的为人塑造着他的人格：他以礼待人，以诚待人，平易近人，淡泊名利。几十年后，还是这崇高的爱国激情，使在国外已有了很高名声的吴文俊放弃了优越的条件，放弃了在巴黎法国国家科学研究中心那份很好的工作，于 1951 年 7 月毅然返回祖国。他回国后进入中国数学研究所，成为中国内地最有国际声望的数学家之一。

难得机遇　得到名师的指导

许多成功人士在总结成长经历时，都谈到过曾得益名师的指教，吴文俊院士也是如此。他念念不忘少年时曾就读的正始中学教师：为他开数学小灶的数学老师，对学生训练有方的英语老师，独具慧眼，推荐他去攻读数学的物理老师……他念念不忘上海交大数学系的武老师，半个世纪后，在回答记者问时，吴老深情地讲：“真正感兴趣，预备当数学家，那是在大学三年级的时候。这跟老师有关，有一位老师讲的课特别吸引我，那就是武老师，我就上了道。”

而对吴文俊一生影响最大的人是数学家陈省身教授。陈省身教授是美籍华裔数学家，中科院外籍院士。1946年春，在北平清华大学任教的陈教授来到上海，组建中央研究院数学研究所。当时吴文俊在上海临时大学做郑太朴教授的助手。当年8月，他第一次见到陈省身教授，之后很快被吸收到数学研究所任助理研究员，开始了拓扑学的研究。“他扭转了我的研究方向，指导我怎么样做研究，这些方法令我终生受益。”吴老如是说。

1947年春天，吴文俊随陈教授到北平清华大学，同年考取了中法交换生赴法国留学。1949年在法国斯特拉斯堡大学获法国国家科学博士学位。1950年，他发表了后被称为的“吴公式”，这为他此后在国际数学界的发展奠定了第一块基石。吴文俊院士讲：“是陈省身老师将我引上了拓扑学研究的正途。”

俗话说，名师出高徒。教育是一个系统工程，而其中，找到名师常常是成材的关键。遇到好的老师，是学子一生的幸福。

难能可贵　俭朴生活平常心

吴文俊院士是一位让中国人自豪的老一代科学家，是数学王国的巨人。他的秘书周代珍女士讲：“他平时对人非常和气，我们不把他当成名人，倒感觉像是老父亲。”院士平时衣着简单朴素，不大的办公室四周都是书柜，至于家里，这位数学大师和他在国内外的知名度相比，居室竟简陋的让人吃惊。书房还不足10平方米，一把旧藤椅、一张旧书桌、一台笔记本电脑，周围摆满了各种图书资料。得知吴老多次将组织上分配的新房让给其他同志，胡锦涛主席讲：“吴老就是在这样一个三尺斗室里，取得了这么多开创性成果，很不容易。这就是中国科学家的高风亮节。”

院士爱好广泛，他喜欢看围棋比赛，认为看围棋比赛，能培养全

吴院士在科技馆与青少年在一起

局观念和战略眼光，“别看围棋中的小小棋子，每子下到哪儿都至关重要，所谓‘一招棋下错满盘皆输’。我们搞研究也是这样，要有发展眼光、战略眼光和全局观念，才能出大成果。”他还喜欢看破案的电影、小说，喜欢看日本的推理小说，因为，这些电影小说中，有严密的逻辑推理，这与研究工作有类似之处。

吴老也像其他父亲一样，非常爱自己的孩子。吴老有四个孩子，在有了三个女儿之后，终于喜得贵子，他为儿子起了一个响亮的名字——吴天骄。吴天骄长得酷像年轻时的父亲，戴着一副深度眼镜，衣着朴素，模样比实际年龄要小十几岁，诚挚忠厚溢于言表。在儿子的眼中，父亲是一位慈祥的，对自己很宽松的，疼爱自己的好父亲。

父亲没有斥责过孩子，更没有打骂过孩子。天骄小时候喜欢玩汽车，惜时如金的父亲常常买回一个玩具汽车，这让天骄欣喜不已。

在天骄的印象中，父亲从不给自己压力，不强制自己非得学什么，不可学什么，对自己考试的成绩也不是很在意。不管考得好与不好，从不责备，总是给予鼓励，给予指导，这让天骄拥有一个真正的幸福童年，也让成人后的天骄不太在乎学历，而是重视能力。他现在“子承父业”，在父亲工作的研究所，用父亲的“吴方法”研究自己的课题，相信他一定会有所成就。

吴文俊的贡献

他在拓扑学、自动推理、机器证明、代数几何、中国数学史、对策论等研究领域均有杰出的贡献，在国内外享有盛誉。他在拓扑学的示性类、示嵌类的研究方面取得一系列重要成果，是拓扑学中的奠基性工作并有许多重要应用。他的"吴方法"在国际机器证明领域产生巨大的影响，有广泛重要的应用价值。当前国际流行的主要符号计算软件都实现了吴文俊教授的算法。

曾获得首届国家自然科学奖一等奖(1956)、中国科学院自然科学奖一等奖(1979)、第三世界科学院数学奖(1990)、陈嘉庚数理科学奖(1993)、首届香港求是科技基金会杰出科学家奖 (1994)、Herbrand 自动推理杰出成就奖(1997)、首届国家最高科学技术奖(2000)、第三届邵逸夫数学奖(2006)。

吴文俊 院士题词

中关村中学师生：

勤于学习

勇于攀登

吴文俊谨题

二〇〇三.三.七

被追认他为革命烈士的科学家

——记为国防事业英勇献身的郭永怀院士

郭永怀（1909—1968）

郭永怀简介

郭永怀（1909—1968），著名物理学家、中国科学院院士。“两弹一星功勋奖章”获得者。生于山东荣成县，1935年毕业于北京大学物理系。1940年赴加拿大多伦多大学进修，次年赴美国加利福尼亚理工学院学习，1945年获哲学博士学位。1946年被聘为康奈尔大学教授。1956年回国后，历任中国科学院力学研究所研究员、副所长，中国科技大学化学物理系教授及主任，中国力学学会副理事长，《力学学报》主编，中国自然科学十二年发展规划力学专业组副组长等职。1968年12月5日因公殉职，被授予烈士称号。

在中国科学院力学研究所的绿树丛中矗立着一尊雕像，走过这里的人们，都会怀着肃穆的心情投去崇敬的目光。雕像塑的是著名空气动力学家和应用数学家，中国近代力学事业的奠基人之一，“两弹一星功勋奖章”获得者郭永怀院士。

孜孜求学志　耿耿爱国心

郭永怀1909年出生在山东省荣成县西滩郭家村的一个贫寒家庭。靠叔父的资助，郭永怀读完小学，并以优异的成绩考取了青岛大学附中，成为家乡的第一个中学生。

1929年夏，郭永怀进入南开大学预科班学习，他天资聪颖、勤奋好学，在班里成绩总是名列前茅。1933年，郭永怀考上北京大学物理系光学专业，并获得该系的奖学金，毕业后留校当助教。抗日战争爆发后，他回到山东，在威海中学任教。1938年3月，威海被日寇侵占，郭永怀又辗转跋涉到云南昆明西南联大任物理系教授，并在周培源教授的指导下学习流体力学。

当时，正值日本侵略中国，他看到敌人的飞机对我国领土狂轰滥炸，嚣张至极，痛感一个没有强大军事力量的国家就要被动挨打，因此，在第二年，他报考了第七届留英公费生，改学航空工程专业。成绩公布时竟有三人没有伯仲之分，同时登榜，这就是后来均成为科学巨匠的郭永怀、钱伟长与林家翘，他们怀着“科学救国”的理想，欲远渡重洋，去学习国外的先进理论与技术，以便将来报效祖国。

在中科院力学所伫立的郭永怀塑像

然而，天有不测风云。正当他们云集香港，准备赴英之际，第二次世界大战爆发了，英国进入战争状态。

第二年初，英国当局只得将这批中国留学生转到英联邦成员国加拿大学习，并决定由上海搭船转赴目的地。当航船上尖利的汽笛鸣响时，护照才发下来。郭永怀等学生打开一看，竟有日本签证，上面写着："允许在横滨停船三日，上岸游览"。出乎侵略者意外，这些学生无赴日游览之心，而是一致认为，在日本帝国主义大举侵犯祖国时，绝不能接受敌国的签证。英代办以取消留学资格相威胁，这批留学生一致抗议，说："宁可不出国，中国人也要有自己的骨气！"他们那凛然正气感染了所有同行的青年，尽管中英庚款会的英国董事跳脚叫闹，这批留学生依然走下即将起锚的轮船，为捍卫民族尊严，他们不惜牺牲这一难得的留学机会。直到 1940 年接到第三次通知，他们才从上海再度出发。

郭永怀在加拿大及后来在美国的学习和研究十分刻苦，十分出色，在空气动力学和应用数学领域均取得了重大成就。20 世纪 40 年代后期，喷气式飞机已经出现，而且速度已经接近声音的速度，于是许多飞机设计师和心怀壮志的飞行员都想有超越声音速度的飞机出现。一架架新型飞机被制造了出来，一个个勇敢的飞行员向音速发起了冲击。可不幸的是，试验一次又一次地失败，有的飞行员甚至因此献出了宝贵的生命。于是有人称音速是"音障"。就在这一时期，郭永怀从加拿大来到美国加州古根海姆航空实验室，师从有"航空之父"之称的冯·卡门教授，开始进行如何跨越音障的研究。四年的拼搏，废寝忘食，他通过了博士学位，他的研究成果为人类突破音障，实现超音速飞行作出了重要贡献，而制造超音速飞机，做逾越声速的飞行是人类航空史上的重要里程碑。另一成就是在美国康奈尔大学期间，解决了黏性流动头部奇异性问题，被命名为庞加勒—赖特希尔—郭永怀方法。鉴于这两项成果在科学上和应用上的重大意义，郭永怀受到国际学术界的尊重。

凭着他的研究成果和业务能力，美国任何一家科研单位都会接纳他，可是他在回答"为什么要到美国来？"的问题时，十分坦率地说：

“到美国来，是为了有一天能回去报效祖国。”

1946 年，郭永怀应聘到美国的康乃尔大学航空研究生院。一进校门，他就向校方声明：“我来贵校是暂时的，在适当的时候就要离去。”为此，校方不让他从事机密工作。但空气动力学，特别是疑难的数学难题，又不得不请郭永怀处理，他们曾要郭永怀填一张表格，在“如果发生战争，是否愿意为美国服兵役?”一栏中，郭永怀填了个大大的“不”字，从此他失去了查阅秘密资料的权利，但郭永怀从未流露出任何一丝后悔之意。

作为爱国科学家，郭永怀认为科学是全人类的，应该造福所有的民族。但科学家是有祖国的，中华儿女终究要回归祖国，这是爱国者的必然归宿。

1955 年，郭永怀分别在加拿大多伦多大学，美国加州理工学院取得学位，并被美国康奈尔大学聘为正教授。1956 年 11 月，郭永怀毅然放弃了在美国已经获得的荣誉、地位和优裕的工作、生活条件，回到了阔别多年的祖国，他说：“我自认为，作为一个中国人，有责任回到自己的祖国，建设美好的山河。”祖国正伸开双臂欢迎远方归来的学子，从此，他投身到我国国防科学技术事业的伟大壮举中。

才华献伟业　心血洒国防

才华横溢的郭永怀终于实现了他的理想——把自己的知识、才智献给自己的祖国，为她的繁荣强大尽心竭力。他是“两弹一星”元勋中对原子弹、导弹和人造卫星的研制都作出过贡献的科学家。

1960 年郭永怀参加中国的核武器研究工作，那是核武器研究非常艰难的一年，被称为“老大哥”的苏联政府突然决定，撤走所有的专家，停止供应一切技术设备和资料，这给刚刚起步的我国核工业带来了意想不到的困难。党中央决定自力更生，抽调我国一流的科学家参与研制核武器的工作。在钱学森的推荐下，郭永怀这位以跨声速流动与应用数学驰名世界的力学家，加入了研制原子弹的行列。

郭永怀院士一家与汪德昭院士夫妇合影

在为中国第一颗原子弹奋斗的日日夜夜里，郭永怀负责力学的有关研究和设计指导工作，对解决原子弹引爆方式等关键问题起到了决定性的作用。在地对地导弹、地对空导弹、氢氧火箭发动机和反导弹系统的研究中，也作出了重大贡献。

工作是非常艰苦的。作为场外试验委员会主任委员的郭永怀多次深入试验现场。位于青海省海拔3800米的戈壁试验场，气候环境十分恶劣。在这里从事核武器研制工作的人员，由于高原作业缺氧，加上要抢时间争速度，很多人头昏、胸闷、心悸、厌食，再加上当时营养也跟不上，导致不少人出现了高原浮肿现象，年轻人都感到有点吃不消，已年逾50的郭永怀更是可想而知。他经常在试验现场风餐露宿，实在支持不下去了，就钻进帐篷，躺在小铁床上恢复一下体力，再出来和试验人员一起作业、攻关，有好几次他在现场差点晕倒。由于工作的特殊性，他每年有几个月要奔波于北京和青海之间，来回指导工作，这就更加重了他高原反应的频率。那段时间，他显得很衰老。

工作是保密的，妻子李佩并不知道郭永怀经常出差干什么。有一次偶尔听郭永怀说，工作环境挺艰苦的，有时真想喝一杯热茶，于是李佩为她买了一个酒精炉。后来又担心没有酒精无法使用酒精炉，就又给买了一个小电炉。这样，郭永怀带上小电炉和小锅连同妻子的关怀走了，至于在那里的其他情况，妻子就从来也没有听说过。

1964 年 10 月 16 日下午 3 点，是中国人民永远不会忘记的时刻。随着一声巨响，一朵硕大的蘑菇云扶摇升起，我国第一颗原子弹爆炸成功了！帝国主义的核垄断就此宣告结束，我国人民在更高的平台上站起来了。神州大地上人们欢呼雀跃，但此时此刻，郭永怀却因过度疲惫突然瘫软在地。

激情写岁月　烈火铸永生

在那激情燃烧的岁月里，郭永怀全身心地投入到工作中，渊博的知识，严谨的工作态度，创新的理念以及献身精神，使得正在蓬勃发展的国防事业处处需要他。郭永怀兼职很多，要在好几个单位上班：1960 年起，他担任二机部九院副院长，负责工程的总体设计；1965 年，中国科学院成立了人造卫星设计院，郭永怀是技术负责人，领导本体设计，并负责提出卫星回收方案；他时刻挂记着长江三峡水电站、成昆铁路以及其他大型国防工程的建设。他还为空气动力学研究院的筹备和前期建设付出了心血，同钱学森一起为该院规划了宏伟的蓝图。因此，钱学森、郭永怀回国以后，我国的力学研究状况大为改观，不仅有了现代化的实验设备和基地，并为航空、航天事业作出了重大贡献。

为了节约时间，国家为郭永怀配备了一辆绿色小轿车，车头上饰有一匹奔腾的银鹿，只见那银鹿早上披星而去，晚上戴月而归……

回国后，郭永怀始终把培养科技人才当做头等大事来抓。他深深地懂得，要使祖国的科学事业兴旺发达，光有少数老专家是不行的，必须不断地培养成千上万的后继者。因此，他把培养年轻一代的力学工作者视为自己的神圣职责。他参与筹备中国科技大学，亲自带研究

郭永怀院士在指导学生

生。他常把自己比喻为“一颗铺路石子”，让青年人从他身上踩过去，为培养下一代无私地贡献自己的一切。他经常用自己的切身体会告诫青年；“天才是没有的，关键在于刻苦学习。学问是无止境的，只有下苦工夫才能占领科学堡垒。”他还用牛顿与鸡骨头的故事教育大家，要大家用一股“傻劲”去学习、工作。言传身教，他周围的同志深受感染，而他公而忘私的献身精神也长留在人们的记忆之中。

1968 年 12 月 5 日，刚刚在大西北参加过一次核试验任务的郭永怀，因飞机失事不幸牺牲，时年 59 岁。在无情的烈火中，人们找到郭永怀的遗体，他与警卫员牟方东紧紧地抱在一起，当大家费力地将他俩分开时，才发现那只装有绝密文件的公文包安然无损地夹在他们的胸前。郭永怀往常一直穿在身上的那件夹克服已烧焦了大半，而他的手臂却仍然紧紧地抱着那个装有核武器资料的皮包。

钱学森院士曾十分沉痛地说：“一个有生命、有智慧的人，一位世界知名的力学家离开了我们。生和死，就那么 10 秒钟！”

被熊熊的烈火包围，那一定是炼狱般地煎熬。在生命的最后瞬间，他在想什么呢？相濡以沫的妻子？放心不下的独生女儿？也许他什么都来不及想，最后的意识就是不要让大火吞噬掉这些能保护人民的强国资料。用生命敬业，在生命即将消失时，用躯体也要把资料保存下来——这是一副多么感人、多么可歌可泣的情景，多么珍贵的赤子之心啊！烈火虽然燃烧了他的身躯，但是他的风范、功业、精神永远地留在了人们的心中，他在烈火中得到永生。

郭永怀的贡献

郭永怀，“两弹一星功勋奖章”获得者，著名力学家、应用数学家、空气动力学家，中国科学院学部委员，我国近代力学事业的奠基人之一。长期从事航空工程研究。发现了上临界马赫数，发展了奇异摄动理论中的变形坐标法，即国际上公认的PLK方法，倡导了我国的高超声速流、电磁流体力学、爆炸力学的研究，培养了优秀力学人才。担负了国防科学研究的业务领导工作，为发展我国的导弹与核弹事业作出了重要贡献。1968年12月5日，郭永怀因空难逝世，死前与警卫员一起用身体保护了对国家有重要价值的科技资料，是唯一一位获得“烈士”称号的科学家。

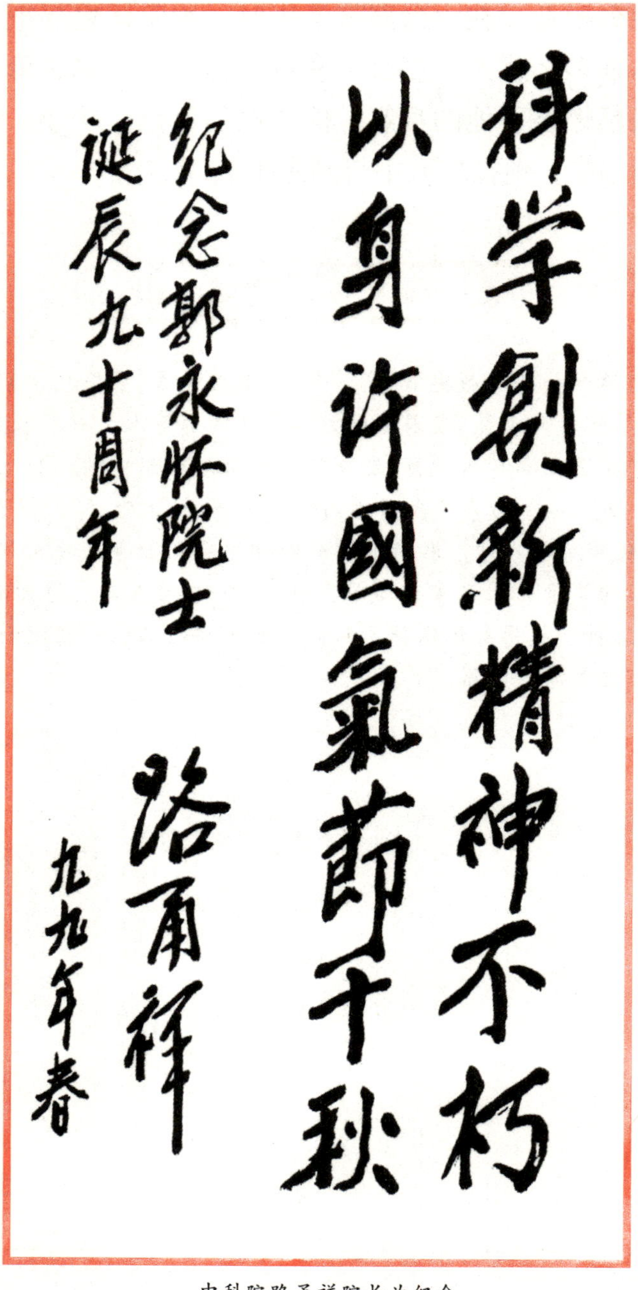

中科院路甬祥院长为纪念
郭永怀院士诞辰九十周年题词

女性一定要自立自强

——记获得世界杰出女科学家奖的李方华院士

方 华 简 介

李方华（1932—）

李方华（1932—），中国科学院院士、第三世界科学院院士。著名物理学家、电子显微学家，中国单晶体电子衍射结构分析的开创者，中国建立并发展高分辨电子显微学的代表人物。出生于香港。1950年考入武汉大学物理系，1952年保送到苏联列宁（彼得）格勒大学物理系学习，1956年毕业后进入中国科学院物理研究所工作至今。曾任中国电子显微学会副理事长、常务副理事长、理事长，中国物理学会理事，中国晶体学会理事，中国科学院物理研究所表面物理国家实验室学术委员会委员，中国科学院金属研究所固体原子像开放实验室学术委员会主任，国际晶体学联合会电子衍射委员会委员等职。目前仍任《电子显微学报》《物理学报》《物理快报》等学术期刊的编委，国际材料中心顾问委员会委员。

李方华院士已是一位端庄秀丽，气质儒雅的女科学家。在采访中，她那人格的魅力更让人吃惊不已，不过这位轰动世界的科学家，女中豪杰，让人由衷地敬佩，平易近人更让人倍感亲切。

李方华院士走上颁奖会主席台

2003年2月27日。法国巴黎联合国教科文组织总部“欧莱雅联合国教科文组织世界杰出女科学家成就奖”颁奖典礼上，当本届评审团主席宣布中国女科学家李方华代表亚太地区获奖时，李方华院士身穿大红唐装黑色长裙走上主席台，全场响起了经久不息的掌声。在场所有人的目光都被她那光彩照人的形象所吸引。这项被誉为“女性诺贝尔科学奖”的奖项下第一次写上了中国人的名字。

据了解，“为投身于科学的女性计划”诞生于1999年，其中“世界杰出女科学家成就奖”每年评选一次，在全世界范围内授予5位卓有成就的女性科学家，她们分别代表非洲、亚太地区、欧洲、拉美和北美获得此项殊荣。亚太地区几十亿人口，中国的李方华独领风骚，这是多么至尊至贵啊!

李方华院士此次是以其所从事的电子显微学研究而获奖的。她创造性地发展了高分辨电子显微学和电子晶体学的理论及分析方法，是我国单晶体电子衍射结构分析的开创者，也是在我国建立并发展高分辨电子显微学的代表人物之一，她在国内首次测定出了晶体中氢原子的位置，至今仍被国外同行引用。

多年来，李方华辛勤耕耘，为学科发展积累着知识财富。可以说，她是中国高分辨电子显微学界的第一块基石。

兴趣引发她终生选择了物理

采访李方华院士，是为了给青少年树立学习的榜样，探讨科学家如何走上成才之路。

“我很平常，没什么可谈的。”这位已遐迩闻名的科学巨人这样开始了谈话。“我出生在香港，小学在香港读书，上海也读过，北京读初中——辅仁女中，读到高一。母亲识字不多，在家中没有地位，所以母亲一直强调一定要读书，我就听话，好好读书。”

小时候的李方华十分文静，不爱说话，脑子总想事：下雨后，天空为什么出现彩虹？石子扔到水中，为什么泛起涟漪？开着的车子突然停下，站在车上的人为什么会向后倒？感到奇妙、有趣，引起无限的想象。也许她那时还没意识到，她对这些物理现象的浓厚兴趣，导致了让她终生选择物理的事业。

她最感谢老师。初三时有一位几何老师给她的印象最深。每到周

笔者采访李方华院士

李方华院士在“世界杰出女科学家成就奖”颁奖典礼上讲话

日，老师就将几个学生带到家中，找些难题给他们思考。渐渐地，这些学生对解难题上了瘾，特别是李方华，总喜欢将图“装”到脑子中。比如看星星，星星的分布图就“装”到脑子中；遇到“鸡兔同笼”题，鸡与兔子也幻化成图“装”到脑子中……“老师给的几何思维训练，对我一生都非常重要。”回忆当年，李院士如是说。

后来在苏联留学时，导师M.A.卢姆士也让李方华钦佩。回忆这位老师，她说：“当在上课时讲到正空间和倒易空间的关系时，他让同学们闭上眼睛听。有意思的是，听着听着，反映两个空间之间关系的一幅幅图画浮现在眼前，至今铭刻在脑海中。我那时学的知识，为后来从事电子衍射和高分辨电子显微学打下了基础。”

她最佩服的陆学善先生是著名晶体学家，是李方华在中科院物理研究所的导师。先生留给她最深刻的印象是严格、严谨、严肃的科学态度，“三严”也成为她工作的准则。提到老师的教导，李方华由衷赞叹：只有站在巨人的肩膀上，才能取得更大的成就。

李方华在学生时代最喜欢作文课，老师讲现代文、古文、诗词她都爱听，这大概跟她看书多有关系。那时候没有电视，一年也看不上两部电影，李方华就看书，从童话、散文到小说。冰心的《母亲》，巴金的《家》《春》《秋》，曹禺的《日出》，曹雪芹的《红楼梦》以及托尔斯泰的《战争与和平》，她都很喜欢看。

“我看书非常投入，感到看书多了很有用。”李院士解释：文章的连贯性、条理性、逻辑性及前后呼应极能训练人的思维，而小说中的人，无论好人或坏人，都能帮助规范自己如何做人和学会正确分析别人。

机会是开启科学殿堂的钥匙

谈到机会，李方华院士感触最深。她抓住了人生道路上的几个机会，让她受益无穷。

第一次机会是在“文化大革命”期间，那时全国的科研秩序被打乱，物理所也一样，有两年时间她在干校和工厂劳动。1973 年，当时的物理所所长施汝为给她一个任务，让她参加调研晶体学的发展动态。李方华为有机会看到国外关于高分辨电子显微像的报道而欣喜不已。她从图书馆借了好多书，做家务时看，抱着孩子也还看。自此她一直跟踪这门新学科的发展动态，并开始长达 30 年的研究。在那“读书无用论”充斥的年代里，她一直没有停止看书，这是多么难能可贵啊！

第二次机会是在 1977 年秋，李方华得知北京器材厂正准备安装一台新引进的菲利浦 EM400 电子显微镜——这是在北京安装的第一台高分辨电子显微镜。早已对高分辨电子显微像感兴趣的李方华兴奋不已。她想：“这台显微镜是要为全北京的科研工作服务的，我要是参与安装，和他们混熟了，又会操作，取得使用权不就方便些吗？”她向领导请求，要求参加安装工作，自愿参加这十分辛苦的劳动。被批准后，李方华每天从中关村家中乘一个半小时的公交车到厂，与工人、技术员及荷兰专家一起安装，前后一个多月将仪器安装成功。在安装的过程中，李方华仔细观察各部件构造，调试方法，操作要领。果然，她获得了每周一天的使用权。厂方认为“这位科学家对仪器懂原理、会调试，了解构造，厂家让她使用放心”。

每周准许使用一天，但李方华巧妙地将它变成了 3 天：早上 8 点准时进实验室工作，第二天早上 8 点再将钥匙交给别人，相当于 3 个工作日。为了多利用这个机会，李方华 24 小时连轴转。那时，她正迷恋于点阵像的研究，用显微镜照相、冲片、洗片、分析，再照相、冲片、洗片、分析……这种工作持续了 3 年。她终于拿出了高水平的研究成果，并参加了国际研讨会。

抓住了一个机会，往往另一个机会就接踵而来。

“文化大革命”后，日本访华学者来到中国，李方华用英文与他交谈，确认了前人方法的局限性，并明确了新想法是有意义的，日本学者诧异中国人竟将这问题研究得这么深，邀请她去日本工作；1982 年，她应邀到日本大阪大学任访问学者。当时日本的实验条件比较好，让她有机会进行高分辨电子显微学的实验和像模拟计算工作。

机会在很多人的面前，但是他们中只有几个能抓住机会。机会总是光顾那些思维敏锐、勤奋、有着充分准备的人。

李院士建议青年学生们思考一下：你是要种一棵树，还是要插一堆棍子呢？在学习和工作中应该全面发展，但要选择一个自己感兴趣的科目来突出优势，以此做充分准备。

刻苦钻研成就了她一生的事业

非凡的成就后面，必然是超人的付出。贯穿李方华院士科研全过程的是刻苦学习和钻研。在学术交流的过程中，语言很重要。如果她不懂英语，日本的教授根本不可能知道她的想法，而她也就不可能得到这个交流的机会。让人敬佩的是李方华的英语口语是四十多岁以后开始自学的，她在家一边做菜还一边背英语单词。

刚到日本时，李方华的日文很差，以至于第一次做显微像的计算时就遇到了一个巨大的难题：她面对的是一个纯日文操作系统的大型计算机。但李方华硬是抱着厚厚的日文说明书，弄明白了计算机的操作程序。

李方华院士在指导学生

为了科研，她学过五种外语。学日语她上的是“早班”，曾经每天早上 7~8 点半在科学院动物所上课，然后再赶回物理所上班；学德语上的是“晚班”，下班后上两节课再回家；她还自学了法语；英语口语是“文化大革命”后自学的；再加上留学苏联学的俄语，她共学过五种外文。她的决心，她的毅力，真让我们佩服得五体投地啊！

她是科学家，但在家中，她要承担妻子、母亲的责任。李方华的先生范海福院士是我国乃至国际物理学界的知名科学家，很受国内外同行尊重，但身体比较虚弱，一直是李方华照顾他。她有两个孩子，孩子小时，洗衣、做饭，那个时代还要按烟囱、劈劈柴……家务事一大堆。科研与家务如何兼顾呢？

时间少是个大问题。许多人搞科研，总希望用大块的时间，认为小块的、零碎的时间是搞不了科研的。而李方华正是充分地利用了零星时间，提高了时间利用效率。“许多问题不是正儿八经地坐在那儿考虑能解决的。我经常把问题都装在脑子里，走路、做饭、洗衣服时都会考虑，说不定什么时候哪一个问题就解决了。”“我除了上街买菜，一般不逛商场，把可以利用的时间尽量利用起来。”当然，一心二用，难免生活中会发生一些煮糊饭之类的事，这也就是人们常说的对科学爱之至深，痴迷于科学的现象吧！

“投身科学就不能怕吃苦。8 小时肯定不够，总想着 8 小时以外的潇潇洒洒可不行。”这是李方华院士总结出的经验，这大概会让多少有志的教师和青年学生得到启示吧!

今日的李方华已经举世瞩目。获世界大奖后，又被评为 2003 年度“公众关注的 10 位中国科技人物”及 2003 年度“《中国妇女》时代人物”、中国科学院首届“十大女杰”，究其秘诀，应该说刻苦钻研成就了她一生的事业。

李方华的贡献

李方华是凝聚态物理学、电子显微学家。中国电子衍射及高分辨电子显微学的先驱者之一。主要从事衍射物理，高分辨电子显微学和晶体学研究。在高分辨电子显微像的衬度理论和图像处理理论与方法研究，微小晶体结构测定，原子分辨率晶体缺陷测定，以及准晶体学的研究中作出了重要贡献。李方华荣获许多科学奖项，值得骄傲的是，2003 年获“欧莱亚–联合国教科文组织世界杰出女科学家成就奖”。

李方华 院士题词

迈入校门，努力学习科学知识，德智体全面发展；走向社会，积极投身祖国建设，立功绩勇于开拓。与中关村中学全体同学共勉。

李方华　2003年7月

把对科学的执迷传输给下一代

——记中国著名天文学家王绶琯

王绶琯（1923—）

王绶琯简介

王绶琯（1923—），著名天文学家，中国科学院院士。1943 年毕业于重庆马尾海军学校。1945 年赴英国留学，1950 年改攻天文，入伦敦大学天文台进行研究工作。任职中国科学院北京天文台研究员、台长、名誉台长、中国天文学会名誉理事长。开创中国的射电天文学观测研究并进行了颇有成效的推进。是中国现代天体物理学的主要奠基者之一。对提高中国时号精度、推动天体测量学发展也作出了重要贡献。成功地研制出多种射电天文设备并取得多项创见性研究成果。

你知道吗？当夜色降临，在美丽的星空中，有一颗王绶琯星在闪烁，这是 1993 年紫金山天文台发现的、国际编号为 317 的小行星，为表彰王院士对我国现代天文事业的贡献，将其正式命名为“王绶琯星”。

王院士是一位非常质朴、慈祥的老人，声音爽朗，行动敏捷，难以相信这是一位年逾 80 的老人。问起冠名星星的事，院士轻描淡写地说：“那只是天文台同仁的友情。”

冠名王绶琯星的真正原因

1953年，王绶琯回到阔别的祖国，先在南京、上海天文台工作，1958年，年近35岁的他受命到北京天文台，开始了我国射电天文学的建设。

射电天文学是通过观测天体的无线电波来研究天文现象的一门学科。以往的天文观测都是用光学方法，而射电天文是以无线电接收技术为观测手段，观测的对象遍及所有天体：从近处的太阳系天体到银河系中的各种对象，直到极其遥远的银河系以外的目标。20世纪60年代中的四大天文发现：类星体、脉冲星、星际分子和微波背景辐射，都是利用射电天文手段获得的。

由于无线电波可以穿过光波通不过的尘雾，射电天文观测就能够深入以往凭光学方法看不到的地方。银河系空间星际尘埃遮蔽的广阔世界，就是在射电天文方法诞生以后，才第一次为人们所认识。

那时候，射电天文在我国还是尚待填补的空白，特别是当时我国的电子工业还很落后，工作面临着很大的困难。王绶琯说："穷则变，变则通。"面对困难，面对与世界先进国家的差距，王绶琯选择了起步阶段以太阳为研究目标，采用将天线面积化整为零的"多天线干涉仪"系统。这种路线后来收到了成效。

在祝贺王绶琯院士70华诞暨王绶琯星命名仪式上讲话

1987年，他与苏定强教授配合进行了天文学界的"乒乓双打"，把攻坚的目标锁定在一个新的开拓点上，即在大型天文望远镜上，配置多根光学纤维的大天区多个天文目标的光谱探测。这是当前天文观测上的一个难题，需要由天体物理学家和天文仪器专家配合来解决，于是就有了“乒乓双打”的形象比喻。方案的形成反反复复经历了五六个春秋，先后参与讨论的科技工作者不下二三十人。1994 年，当我国科学家在英国一次国际会议上宣读这个方案时，会场上引起了强烈的反响。因为大家知道实现这一方案，将导致阻碍大量天文目标光谱探测的“瓶颈”问题的解决。这个方案可以做到同时在大片天区中测量几千个光谱，观测效率将比以往提高几千倍。令人欣慰的是，这种体现“乒乓双打”精神的 LAMOST 课题，已被列入我国“九五”的一项重大基础项目。

王绶琯院士是我国射电天文学和中国现代天体物理学的开拓者，这才是冠名王绶琯星的真正原因。

培养“科技刘翔”苗子与提高科学素养

晚年的王院士热衷于青少年科普教育，他有一个高远的目标，即提高全民的科学素养和在青少年中发现“科技刘翔”的苗子，尽早地培养他们，帮助他们早日成才，他愿为此竭尽全力。

谈起青少年的教育问题，王老滔滔不绝：“现在的孩子们与我们那时不一样，早年我对科学有兴趣，但日本人打进来了，大家都去抗战，当时第一任务是救国，其他都是次要的。现在压倒一切的任务是建设祖国，和谐社会最理想的是人尽其才，希望在全面发展的前提下，帮助孩子们寻找他最适合的道路。”

他组织了“北京青少年科技俱乐部”，“因为青少年学习太紧张了，取名俱乐部轻松些。”王老这样解释。中国科协提倡“大手拉小手”，王老以他资深科学家的身份和令人感动的热心四处奔波，将许多卓有成就的科技工作者的“大手”与爱好科学的青少年的“小手”拉起来。他和 60 多位科学家一起发出了倡议，向北京市的中学生开放国家实验场所，让孩子们接触第一流的科学家和设备。

他侃侃而谈：我们现在的国家是在稳定的状态，是好时期，机不

王绶琯院士与获奖学生合影

可失。人生需要机遇，要为青少年创造机遇，让有志于从事科学工作的学生，通过这个俱乐部，到一流的科研地方去，给他们一个感受，让他们到现场去亲自参加，做真刀真枪的科研，接触一下科学，特别是接触科学家们，求师交友，重要的是进入这个圈子，这对青少年非常重要。另外，也让科学工作者去发现可能的接班人。

“如果今天有一个爱因斯坦，他生在战火纷飞的难民营里的话，那么就会被埋没了。”王老曾深刻地指出环境对人才培养的重要。在今天和平建设的环境里，他希望像体育界、文艺界那样，留意青少年中的科技“苗子”，早一点去发现、去引导、去扶植，在科技界培养出像刘翔那样的冠军级人物，培养出中国的杰出科学人才。

王老还有一个提高全民科学素养的理想。科学素养就是公民自觉地亲近科学、尊重科学、理解科学、关心科学，并能习惯地使用科学。为此，他设计了一个在初中学生阶段进行的“校园科普活动”的方案。考虑学生具体情况在初二年级试点较合适。具体的做法是：参加试点班各负责一个科普选题（选题可争取科学家的指导，选自涉及科学前沿的问题），每周用一节课的时间以选修课的方式实施科普教育，每学

王绶琯院士为中关村中学题词

期各班学生根据选题出一块展板，然后互相交流或组织科普报告。王老强调，老师必须精心设计开题报告，切入点要对学生有吸引力，然后要用科普方式维持住学生的兴趣，把课堂演示与留给学生查阅的问题结合起来，设计好留下的问题让学生去思索。王老认为，只有这样激发学生的参与感和成就感，养成他们尊重科学热爱科学的品格，营造校园的科学气氛，才能为提高公民的科学素养打下良好的基础。

中关村中学非常荣幸地被王老选作试点学校，这个试点得到了邢筱萍校长和范国庆主任的大力支持，曾派辅导出 OM 奥林匹克世界冠军队的徐军老师负责这一工作，相信我们的许多学生都会从中受益。

文学造诣源于儿时的“背书”

王绶琯院士的文学底蕴也是非常深厚的，前些时，他出版了《塔里窥天——王绶琯院士诗文自选集》，选集共分四卷，强烈的爱国热情及献身科学的精神充满在字里行间。其中一首写给北京师范大学天文台的诗是这样写的：

慷慨当年万鼓鸣，天文设帐几书生。
恂（xún）恂惟策勤精进，汲汲非关禄利名。
桃李无言舒锦绣，风云有意护峥嵘。
今朝共进三杯酒，卅载同舟风雨情。

院士气魄与追求，真的令人敬佩不已。问起院士如何在繁忙的科研日子里学习文学的，王老饶有兴致地谈起青少年时代与文学的接触。

王老 3 岁时父亲去世，母亲一心将儿子培养成才，做一个有学问的人。母亲的方法很简单，就是传统中私塾的教学方法——背书。

每天的生活十分单调，就是拼命读书，晚上，母亲是一定要检查是否背熟了。当时主要是读“四书”，背了《论语》背《孟子》，这让王绶琯院士在儿时记忆力最好的时候，记下许多经典句子，积累了一些汉语储备。

青少年时代王绶琯读了许多小说，当时的小说都是文言的，这有助于他打下扎实的文言基础。随着年龄的增长，王绶琯的涉猎范围也在加大，他喜欢读冰心的散文，读鲁迅的杂文，也爱读科普文章，《宇宙》就是他喜欢的科普读物。他说罗素（英国哲学家）的文笔非常好，读他的书对研究科学很有启发；他说学数学很有意思，做习题能培养自己的逻辑思维，只是不要成为习题的奴隶。他读了许多世界名著，院士微笑着回忆：平时抽空看短篇的，生病时躺在床上就看长篇的。博览群书让院士人生更加丰富。

王绶琯院士曾有一个关于文化的讲话，现摘录下来供同学们思考：

“在历史的大图卷中，一个民族的生存与发展，可以在一代代人的文化定位上找到对应。这种定位，横向是同代潮流，纵向是民族传统。往往是传统文化的‘精华’，撑起了一个民族的脊梁，而文化潮流的冲击，则往往导致传统的革新。这种定位是‘动态’的。潮流可以包纳交融，也可以溃堤决坝；传统可以发扬进取，也可以守残固陋。‘精华’与‘糟粕’总是在经过时间的过滤之后才最终在历史中归位。”精辟的分析，精练的语言，相信会让所有的听众拍案叫绝。

现在，院士又描绘了一幅提高全民科学素养的蓝图，寻找着培养青少年的途径，他老而弥坚，正迈开矫健的步伐，开始了新的里程。

王绶琯的贡献

开创了中国的射电天文学观测研究并进行了颇有成效的推进。对提高中国时号精度、推动天体测量学发展也作出了重要贡献。负责并成功地研制出多种射电天文设备，取得重要研究成果。20 世纪 90 年代与苏定强等共创“多天体光谱望远镜”(LAMOST)方案，被列为国家“九五”重大科学工程项目。1978 年被评为全国科学技术大会先进科技工作者，1985 年获国家科学技术进步二等奖。1996 年获何梁何利基金科技进步奖，同年被评为全国先进科普工作者。长期致力于面向公众特别是青少年的科普工作，倡导并精心创立了北京青少年科技俱乐部，多次在中学、科技馆、天文馆讲演、座谈，编著一系列青少年科普读物。

王绶琯 院士题词

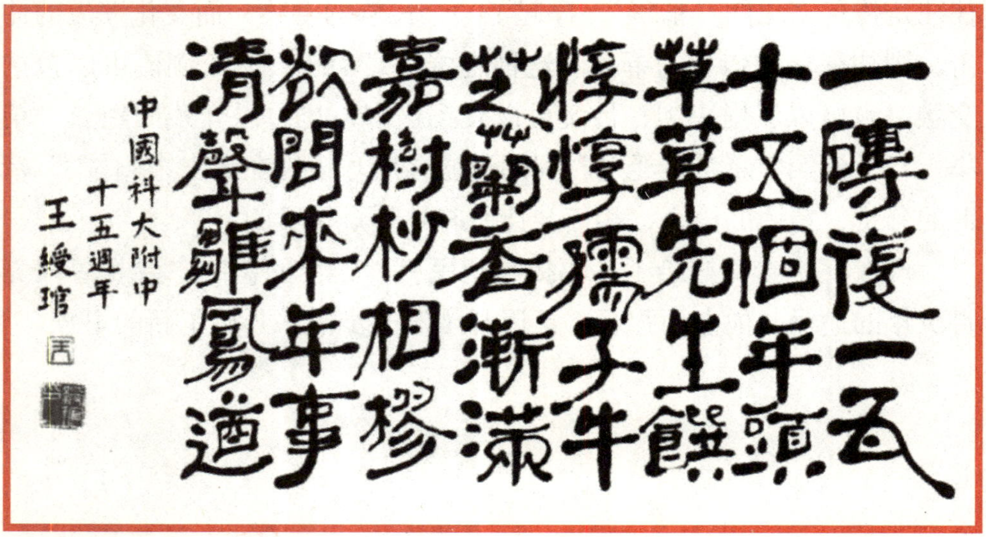

当代神农氏

——记杂交水稻专家袁隆平院士

袁隆平简介

袁隆平(1930—)

袁隆平(1930—)，籍贯江西省九江市，生于北京。袁隆平是我国著名的农学家，中国工程院院士，是我国杂交水稻研究领域的开创者和带头人，曾获国家最高科学技术奖和多项国际奖。被誉为“杂交水稻之父”、“当代神农”、“米神”等。

1953年，袁隆平毕业于西南农学院。毕业后，一直从事农业教育及杂交水稻研究。1971年至今任湖南农业科学院研究员，并任湖南省政协副主席、全国政协常委、国家杂交水稻工程技术研究中心主任。期间，1980—1981年赴美任国际水稻研究所技术指导。1982年任全国杂交水稻专家顾问组副组长。1991年受聘联合国粮农组织国际首席顾问。先后获得“国家特等发明奖”、“首届最高科学技术奖”等多项国内奖项和联合国“科学奖”、“沃尔夫奖”、“世界粮食奖”、“粮食安全保障荣誉奖”等11项国际大奖。2001年获得首届国家最高科技奖。出版中、英文专著6部，发表论文60余篇。

袁隆平的名字早已家喻户晓，他是我国杂交水稻研究的创始人。袁隆平院士看起来更像一位农民，忠厚可亲，衣着简朴，语言幽默。

就是这样一位看似很普通的老人，用他的知识、他的智慧、他的执著，他半生艰苦卓绝的努力，研究出了高产的水稻，增产的粮食每年能解决7000万人的吃饭问题。他被誉为“杂交水稻之父”、“当代神农”、“米神”。

高考选择农学系毕业分配做教师

袁隆平1930年出生于北平（今北京），少年时正值日本帝国主义大肆侵略我国。袁隆平一家和许许多多同胞一样过着到处逃难的生活，国破家亡，民不聊生，这些悲惨景象，给童年的袁隆平心里留下深深的创伤，面对严酷现实，袁隆平暗下决心：长大后，要做一个使国家富强、不受外国强盗欺侮的人。

袁隆平在当时的大后方重庆上高小和初中。他学习不死记硬背，喜欢思考，善于提问，注重理解。他不仅学习成绩优秀，而且兴趣广泛，会多种姿势游泳，可以横渡长江。抗日战争胜利后，他随父亲迁回汉口上高中，曾获汉口赛区男子自由泳冠军。1948年，袁隆平又随父迁居到南京，并在南京中大附中读完了高中。

袁隆平在农田中

袁隆平在中学阶段就对生机盎然的花草、果木和大自然产生了极大的兴趣。慈祥的母亲尊重孩子的选择，经过家庭民主协商，最后袁隆平报考了重庆一所学院的农学系，高高兴兴地跳进了“农门”——那时候，学农可是个冷门。

1949年11月，重庆解放了。袁隆平上的农学系，经合并、调

面对鲜花与掌声

整，成为农业部所属的全国重点高等农业大学。1953年夏大学毕业后，风华正茂的他服从分配，到湖南省偏僻的安江农校任教，开始了长达19年的教师生涯。

一粒金子，放到哪里都是宝。到农校后，袁隆平决心做一名好教师。他教学十分认真，开始领导让他教外语，他刻苦自学，不断提高听、写、阅读水平，教学效果良好。进校第二年，他又调到遗传育种教研组，教授生物学、作物栽培等专业课。他深悟要给学生一杯水，自己就得有一桶水的道理，刻苦钻研，边教边学，业务水平提高很快。

1954年，他教普通植物学。他下苦功夫，从构成植物体的最小单位——细胞的构造开始，到根、茎、叶、花、果的外部形态，植物的生物学特性及其遗传特性等，进行系统的学习研究。为了在显微镜下观察细胞壁、细胞质、细胞核的微观构造，他刻苦练习切片技术。几百次，上千次的练习，终于练出能在显微镜下得到满意的观察结果。

备课时，他经常提出各种问题自考自答。他走出课堂，来到田间地头，从实践中找答案。他深有体会地说："即使浅显的问题，如果教师本身钻得不深不透，也不可能把课讲好！"

难能可贵的是，即使在"文化大革命"中，袁隆平和许多教师被无端批斗，他还用批斗的空隙，专心研究水稻雄性不育的问题，致力于科研，这需要多么顽强的毅力啊！

20世纪50年代，生物教学中主要向学生讲米丘林、李森科的遗传学说，他就按照其理论进行无性杂交、嫁接培养、环境影响等方面的试验，把月光花嫁接在红薯上、西红柿嫁接在马铃薯上、西瓜嫁接在南瓜上，得到一些西瓜不像西瓜，南瓜不像南瓜的奇花异果，没有

真知灼见来自实践

什么经济价值，这引起他的沉思。他决心扩大视野，另辟蹊径。

到 20 世界 60 年代，他从阅读外文杂志中获悉，欧美的孟德尔、摩尔根创立的染色体、基因遗传学说，对良种繁育有重大指导作用。他就开始大胆地向学生传授染色体、基因学说，讲杂种优势利用在作物育种中的广阔前景，自己也开始向水稻的杂种优势利用方面探索。1960 年受到天然杂交稻株启示后，在育种方法上他由采用系统选育法，转变到水稻雄性不育研究课题上来。1966 年在《科学通报》上发表的《水稻的雄性不孕性》第一篇重要论文，就是他坚持一边教学，一边从事科研的丰硕成果。

在漫长的 19 年教学生涯中，袁隆平在教学中积累知识和农业生产实践经验，又通过科研促进教学和生产。教学、生产、科研相结合，使这位青年教师日后创造了震惊世界的农业科技成果。

天灾人祸遭饥荒　青年隆平立奇志

中老年人都会记忆犹新，1960 年的天灾人祸带来严重的粮食饥荒，亿万百姓陷于饿肚子的境地，很多人患浮肿病，一些老人、体弱者熬不过这场灾难倒下了。正在农校任教的袁隆平看在眼里，痛在心上。他想起旧社会，人民受统治阶级的剥削压迫，受战争的摧残，缺衣少食。今天，人民当家做主了，但仍未摆脱饥饿的威胁。他决心努力发挥自己的才智，用学过的专业知识，尽快培育出高产的水稻新品种，让粮食大幅度增产，用农业科学技术战胜饥饿。

他依据对遗传学已有的较深的认识，对试验田里的退化植株仔细进行观察和统计分析，认定搞杂交水稻的研究，具有光明的前景。但是，谈何容易？因为水稻是雌雄同花的作物，自花授粉，难以一朵一朵地去掉雄花搞杂交。这样就需要培育出一个雄花不育的稻株，然后才能与其他品种杂交。这是一个难解的世界难题。

袁隆平知难而进，他认为，雄性不育系的原始亲本，是一株自然突变的雄性不育株，肯定天然存在。中国有众多的野生稻和栽培稻品种，蕴藏着丰富的种子资源，他决心去寻找这棵不知隐身在何处的"雄性不育株"，但这有如大海捞针啊！他坚信：知识 + 汗水 + 灵感 + 机遇一定等于成功。

于是袁隆平迈开了双腿，走进了水稻的莽莽绿海，去寻找这株从未见过的"水稻雄性不育株"。时间一天天过去，袁隆平头顶烈日，脚踩烂泥，驼背弯腰地、一穗一穗地观察寻找。功夫不负有心人，终于在第 14 天发现了一株雄花花药不开裂、形状奇特的植株，袁隆平欣喜若狂。

在以后的一年多时间里，他和妻子邓则又找到了 6 株雄性不育的植株。成熟时，分别采收了自然授粉的第一代雄性不育材料种子。经过两个春秋的试验和科学数据的分析整理，撰写出第一篇重要论文《水稻的雄性不孕性》，发表在 1966 年《科学通报》第 17 卷第 4 期上。文中还预言，通过进一步选育，可以从中获得雄性不育系、保持系（使后代保持雄性不育的性状）和恢复系（恢复雄性可育能力），实现三系配套，使利用杂交水稻第一代优势成为可能，这将会给农业生产带来大面积、大幅度的增产。这篇重要论文的发表，被一些同行们认

稻田边的思索

为是“吹响了第二次绿色革命”的进军号角。

又经过8年历经磨难的实验，到1974年配制种子成功。1975年冬，国务院作出了迅速扩大试种和大量推广杂交水稻的决定，国家投入了大量人力、物力、财力，到1988年全国杂交稻面积1.94亿亩，10年全国累计种植杂交稻面积12.56亿亩，累计增产稻谷1000亿千克以上，增加总产值280亿元，取得了巨大的经济效益和社会效益。

随着杂交水稻的培育成功和在全国大面积推广，袁隆平名声大震。20世纪80年代初期，面对世界性的饥荒，袁隆平心中再一次萌发了一个惊人的设想，大胆提出了杂交水稻超高产育种的课题，试图解决更大范围内的饥饿问题。

袁隆平认真总结了百年农作物育种史和20年的育种经验，于1987年提出了“杂交水稻育种的战略设想”，高瞻远瞩地设想了杂交水稻的两个战略发展阶段，这是袁隆平杂交水稻理论发展的又一座新高峰。

随着杂交水稻在世界各国试验试种，杂交稻已引起世界范围的关注。国际水稻研究所所长、印度前农业部长斯瓦米纳森博士高度评价说：“我们把袁隆平先生称为‘杂交水稻之父’，因为他的成就不仅是中国的骄傲，也是世界的骄傲，他的成就给人类带来了福音。”

袁隆平，从一个山村中等农校的青年教师，成长为举世瞩目的名人，登上了“杂交水稻之父”的宝座。杂交水稻研究事业方兴未艾，正朝着袁隆平新的战略设想的方向迅猛发展！

星光闪烁千秋照　务实创新为人民

鉴于袁隆平院士为人类作出的巨大贡献，他先后在国内外获得许多荣誉。2001 年 2 月 19 日，中共中央、国务院隆重举行国家科学技术奖励大会，授予袁隆平院士 2000 年度国家最高科学技术奖；2007 年 4 月 29 日，袁隆平院士在美国首都华盛顿正式就任美国科学院外籍院士，并出席了有世界数百名顶级科学家参加的美国科学院院士年会。另外，他还获国家发明特等奖，世界知识产权组织颁发的创造与发明奖章（杰出发明家）金奖，联合国教科文组织颁发的科学奖，世界粮食奖基金会颁发的世界粮食奖以及“2007 影响世界华人终身成就奖”等多种国内外大奖。

1999 年 10 月，经国际小天体命名委员会批准，中国科学院北京天文台施密特 CCD 小行星项目组发现的一颗小行星（8117）被命名为“袁隆平星”。在群星闪烁的夜空中，“袁隆平星”放射出耀眼的光辉，他是世界的福星，是我们中国人的骄傲。

袁隆平的成果不仅在很大程度上解决了中国人的吃饭问题，而且也被认为是解决 21 世纪世界性饥饿问题的法宝。西方国家称杂交稻是“东方魔稻”，国际上甚至把杂交稻当做中国继四大发明之后的第五大发明，誉为“第二次绿色革命”。

头顶众多光环的袁隆平依然故我，对事业执着，对金钱淡漠。他依然为给世界上更多的饥饿者以粮食而奋斗不已；他的发明本可以使他成为中国首富，但他却把专利给了国家，他的生活简朴得出乎我们大家的想象。他忧国忧民、造福人类的宏大抱负；自强不息、勇攀高峰的创新精神；不畏艰辛、迎难而上的奋斗意志；淡泊名利、奉献社会的思想境界，都应是我们永远学习的榜样。

青少年追星，就应追这样的科学巨星！

袁隆平的贡献

20世纪60年代以来，袁隆平的科研成果使中国在矮秆水稻、杂交水稻育种和超级杂交水稻育种上三次领先世界水平。前两阶段的研究成果在中国推广后，中国的水稻单产从400千克左右提高到600千克左右，近20年内为全国增产粮食3000多亿千克。20世纪70年代初，袁隆平发表了水稻有杂交优势的观点，打破了世界性的自花授粉作物育种的禁区。他参加工作50多年以来，不畏艰辛、执着追求、大胆创新、勇攀高峰，所取得的科研成果使我国杂交水稻研究及应用领域领先世界水平，推广应用后不仅解决了中国粮食自给难题，也为世界粮食安全作出了杰出贡献。国际上的同行们称袁隆平为“世界杂交水稻之父”。

袁隆平 院士题词

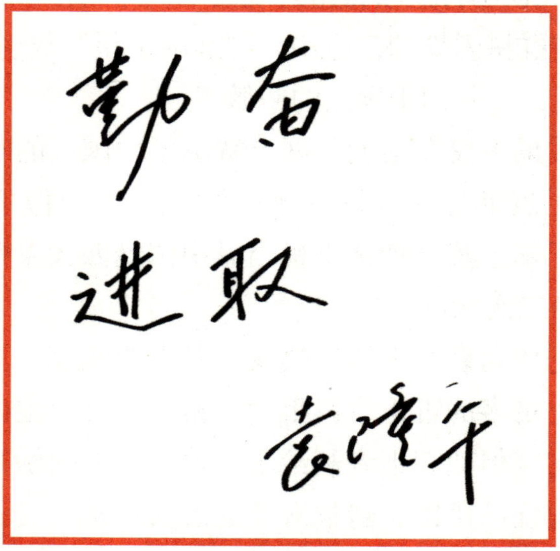